Friedrich Schlegel

Athenäums-Fragmente

und andere Schriften

Friedrich Schlegel: Athenäums-Fragmente und andere Schriften

Berliner Ausgabe, 2016, 4. Auflage
Durchgesehener Neusatz mit einer Biographie des Autors bearbeitet und eingerichtet von Michael Holzinger

Kritische Fragmente (Lyceums-Fragmente):
Erstdruck in: Lyceum der schönen Künste (Berlin), 1. Bd., 2. Teil, 1797.
Fragmente (Athenäums-Fragmente):
Erstdruck in: Athenäum (Berlin), 1. Bd., 2. Stück, 1798.
Ideen:
Erstdruck in: Athenäum (Berlin), 3. Bd., 1. Stück, 1798.

Textgrundlage ist die Ausgabe:
Kritische Friedrich-Schlegel-Ausgabe. Herausgegeben von Ernst Behler unter Mitwirkung von Jean-Jacques Anstett und Hans Eichner. Erste Abteilung: Kritische Neuausgabe, Band 2, München, Paderborn, Wien: Schöningh; Zürich: Thomas, 1967.

Herausgeber der Reihe: Michael Holzinger
Reihengestaltung: Viktor Harvion
Umschlaggestaltung unter Verwendung des Bildes:
Friedrich Schlegel (Gemälde von Franz Gareis, 1801)

Gesetzt aus der Minion Pro, 10 pt

ISBN 978-1482712681

Inhalt

Kritische Fragmente

(Lyceums-Fragmente)

[1] Man nennt viele Künstler, die eigentlich Kunstwerke der Natur sind.

[2] Jedes Volk will auf der Schaubühne nur den mittlern Durchschnitt seiner eignen Oberfläche schauen; man müßte ihm denn Helden, Musik oder Narren zum besten geben.

[3] Wenn Diderot im »Jakob« etwas recht Genialisches gemacht hat, so kömmt er gewöhnlich gleich selbst hinterher, und erzählt seine Freude dran, daß es so genialisch geworden ist.

[4] Es gibt so viel Poesie, und doch ist nichts seltner als ein Poem! Das macht die Menge von poetischen Skizzen, Studien, Fragmenten, Tendenzen, Ruinen, und Materialien.

[5] Manches kritische Journal hat den Fehler, welcher Mozarts Musik so häufig vorgeworfen wird: einen zuweilen unmäßigen Gebrauch der Blasinstrumente.

[6] Man tadelt die metrische Sorglosigkeit der Goetheschen Gedichte. Sollten aber die Gesetze des deutschen Hexameters wohl so konsequent und allgemeingültig sein, wie der Charakter der Goetheschen Poesie?

[7] Mein Versuch über das Studium der griechischen Poesie ist ein manierierter Hymnus in Prosa auf das Objektive in der Poesie. Das Schlechteste daran scheint mir der gänzliche Mangel der unentbehrlichen Ironie; und das Beste, die zuversichtliche Voraussetzung, daß die Poesie unendlich viel wert sei; als ob dies eine ausgemachte Sache wäre.

[8] Eine gute Vorrede muß zugleich die Wurzel und das Quadrat ihres Buchs sein.

[9] Witz ist unbedingt geselliger Geist, oder fragmentarische Genialität.

[10] Man muß das Brett bohren, wo es am dicksten ist.

[11] Es ist noch gar nichts recht Tüchtiges, was Gründlichkeit, Kraft und Geschick hätte, wider die Alten geschrieben worden; besonders wider ihre Poesie.

[12] In dem, was man Philosophie der Kunst nennt, fehlt gewöhnlich eins von beiden; entweder die Philosophie oder die Kunst.

[13] Jedes Gleichnis, was nur lang ist, nennt Bodmer gern homerisch. So hört man auch wohl Witz aristophanisch nennen, an dem nichts klassisch ist, als die Zwanglosigkeit und die Deutlichkeit.

[14] Auch in der Poesie mag wohl alles Ganze halb, und alles Halbe doch eigentlich ganz sein.

[15] Der dumme Herr in Diderots »Jakob« macht dem Künstler vielleicht mehr Ehre, als der närrische Diener. Er ist freilich nur beinah genialisch dumm. Aber auch das war wohl schwerer zu machen, als einen ganz genialischen Narren.

[16] Genie ist zwar nicht Sache der Willkür aber doch der Freiheit, wie Witz, Liebe und Glauben, die einst Künste und Wissenschaften werden müssen. Man soll von jedermann Genie fordern, aber ohne es zu erwarten. Ein Kantianer würde dies den kategorischen Imperativ der Genialität nennen.

[17] Nichts ist verächtlicher als trauriger Witz.

[18] Die Romane endigen gern, wie das Vaterunser anfängt: mit dem Reich Gottes auf Erden.

[19] Manches Gedicht wird so geliebt, wie der Heiland von den Nonnen.

[20] Eine klassische Schrift muß nie ganz verstanden werden können. Aber die, welche gebildet sind und sich bilden, müssen immer mehr draus lernen wollen.

[21] Wie ein Kind eigentlich eine Sache ist, die ein Mensch werden will: so ist auch das Gedicht nur ein Naturding, welches ein Kunstwerk werden will.

[22] Ein einziges analytisches Wort, auch zum Lobe, kann den vortrefflichsten witzigen Einfall, dessen Flamme nun erst wärmen sollte, nachdem sie geglänzt hat, unmittelbar löschen.

[23] In jedem guten Gedicht muß alles Absicht, und alles Instinkt sein. Dadurch wird es idealisch.

[24] Die kleinsten Autoren haben wenigstens die Ähnlichkeit mit dem großen Autor des Himmels und der Erde, daß sie nach vollbrachtem Tagewerke zu sich selbst zu sagen pflegen: »Und siehe, was er gemacht hatte, war gut.«

[25] Die beiden Hauptgrundsätze der sogenannten historischen Kritik sind das Postulat der Gemeinheit, und das Axiom der Gewöhnlichkeit. Postulat der Gemeinheit: Alles recht Große, Gute und Schöne ist unwahrscheinlich, denn es ist außerordentlich, und zum mindesten verdächtig. Axiom der Gewöhnlichkeit: Wie es bei uns und um uns ist, so muß es überall gewesen sein, denn das ist ja alles so natürlich.

[26] Die Romane sind die sokratischen Dialoge unserer Zeit. In diese liberale Form hat sich die Lebensweisheit vor der Schulweisheit geflüchtet.

[27] Ein Kritiker ist ein Leser, der wiederkäut. Er sollte also mehr als einen Magen haben.

[28] Sinn (für eine besondere Kunst, Wissenschaft, einen Menschen, u.s.w.) ist dividierter Geist; Selbstbeschränkung, also ein Resultat von Selbstschöpfung und Selbstvernichtung.

[29] Anmut ist korrektes Leben; Sinnlichkeit die sich selbst anschaut, und sich selbst bildet.

[30] An die Stelle des Schicksals tritt in der modernen Tragödie zuweilen Gott der Vater, noch öfter aber der Teufel selbst. Wie kommts, daß dies noch keinen Kunstgelehrten zu einer Theorie der diabolischen Dichtart veranlaßt hat?

[31] Die Einteilung der Kunstwerke in naive und sentimentale, ließe sich vielleicht sehr fruchtbar auch auf die Kunsturteile anwenden. Es gibt sentimentale Kunsturteile, denen nichts fehlt als eine Vignette

und ein Motto, um auch vollkommen naiv zu sein. Zur Vignette, ein blasender Postillion. Zum Motto eine Phrasis des alten Thomasius beim Schluß einer akademischen Festrede: *Nunc vero musicantes musicabunt cum paucis et trompetis.*

[32] Die chemische Klassifikation der Auflösung in die auf dem trocknen und in die auf dem nassen Wege, ist auch in der Literatur auf die Auflösung der Autoren anwendbar, die nach Erreichung ihrer äußersten Höhe sinken müssen. Einige verdampfen, andre werden zu Wasser.

[33] Eins von beiden ist fast immer herrschende Neigung jedes Schriftstellers: entweder manches nicht zu sagen, was durchaus gesagt werden müßte, oder vieles zu sagen, was durchaus nicht gesagt zu werden brauchte. Das erste ist die Erbsünde der synthetischen Naturen, das letzte der analytischen.

[34] Ein witziger Einfall ist eine Zersetzung geistiger Stoffe, die also vor der plötzlichen Scheidung innigst vermischt sein mußten. Die Einbildungskraft muß erst mit Leben jeder Art bis zur Sättigung angefüllt sein, ehe es Zeit sein kann, sie durch die Friktion freier Geselligkeit so zu elektrisieren, daß der Reiz der leisesten freundlichen oder feindlichen Berührung ihr blitzende Funken und leuchtende Strahlen, oder schmetternde Schläge entlocken kann.

[35] Mancher redet so vom Publikum, als ob es jemand wäre, mit dem er auf der Leipziger Messe im Hotel de Saxe zu Mittage gespeist hätte. Wer ist dieser Publikum? – Publikum ist gar keine Sache, sondern ein Gedanke, ein Postulat, wie Kirche.

[36] Wer noch nicht bis zur klaren Einsicht gekommen ist, daß es eine Größe noch ganz außerhalb seiner eigenen Sphäre geben könne, für die ihm der Sinn durchaus fehle; wer nicht wenigstens dunkle Vermutungen hat, nach welcher Weltgegend des menschlichen Geistes hin diese Größe ungefähr gelegen sein möge: der ist in seiner eignen Sphäre entweder ohne Genie, oder noch nicht bis zum Klassischen gebildet.

[37] Um über einen Gegenstand gut schreiben zu können, muß man sich nicht mehr für ihn interessieren; der Gedanke, den man mit Besonnenheit ausdrücken soll, muß schon gänzlich vorbei sein, einen nicht mehr eigentlich beschäftigen. So lange der Künstler er-

findet und begeistert ist, befindet er sich für die Mitteilung wenigstens in einem illiberalen Zustande. Er wird dann alles sagen wollen; welches eine falsche Tendenz junger Genies, oder ein richtiges Vorurteil alter Stümper ist. Dadurch verkennt er den Wert und die Würde der Selbstbeschränkung, die doch für den Künstler wie für den Menschen das Erste und das Letzte, das Notwendigste und das Höchste ist. Das Notwendigste: denn überall, wo man sich nicht selbst beschränkt, beschränkt einen die Welt; wodurch man ein Knecht wird. Das Höchste: denn man kann sich nur in den Punkten und an den Seiten selbst beschränken, wo man unendliche Kraft hat, Selbstschöpfung und Selbstvernichtung. Selbst ein freundschaftliches Gespräch, was nicht in jedem Augenblick frei abbrechen kann, aus unbedingter Willkür, hat etwas Illiberales. Ein Schriftsteller aber, der sich rein ausreden will und kann, der nichts für sich behält, und alles sagen mag, was er weiß, ist sehr zu beklagen. Nur vor drei Fehlern hat man sich zu hüten. Was unbedingte Willkür, und sonach Unvernunft oder Übervernunft scheint und scheinen soll, muß dennoch im Grunde auch wieder schlechthin notwendig und vernünftig sein; sonst wird die Laune Eigensinn, es entsteht Illiberalität, und aus Selbstbeschränkung wird Selbstvernichtung. Zweitens: man muß mit der Selbstbeschränkung nicht zu sehr eilen, und erst der Selbstschöpfung, der Erfindung und Begeisterung Raum lassen, bis sie fertig ist. Drittens: man muß die Selbstbeschränkung nicht übertreiben.

[38] An dem Urbilde der Deutschheit, welches einige große vaterländische Erfinder aufgestellt haben, läßt sich nichts tadeln als die falsche Stellung. Diese Deutschheit liegt nicht hinter uns, sondern vor uns.

[39] Die Geschichte der Nachahmung der alten Dichtkunst, vornehmlich im Auslande hat unter andern auch den Nutzen, daß sich die wichtigen Begriffe von unwillkürlicher Parodie und passivem Witz, hier am leichtesten und vollständigsten entwickeln lassen.

[40] In der in Deutschland erfundenen und in Deutschland geltenden Bedeutung ist Ästhetisch ein Wort, welches wie bekannt eine gleich vollendete Unkenntnis der bezeichneten Sache und der bezeichnenden Sprache verrät. Warum wird es noch beibehalten?

[41] An geselligem Witz und geselliger Fröhlichkeit sind wenige Bücher mit dem Roman »Faublas« zu vergleichen. Er ist der Champagner seiner Gattung.

[42] Die Philosophie ist die eigentliche Heimat der Ironie, welche man logische Schönheit definieren möchte: denn überall wo in mündlichen oder geschriebenen Gesprächen, und nur nicht ganz systematisch philosophiert wird, soll man Ironie leisten und fordern; und sogar die Stoiker hielten die Urbanität für eine Tugend. Freilich gibts auch eine rhetorische Ironie, welche sparsam gebraucht vortreffliche Wirkung tut, besonders im Polemischen; doch ist sie gegen die erhabne Urbanität der sokratischen Muse, was die Pracht der glänzendsten Kunstrede gegen eine alte Tragödie in hohem Styl. Die Poesie allein kann sich auch von dieser Seite bis zur Höhe der Philosophie erheben, und ist nicht auf ironische Stellen begründet, wie die Rhetorik. Es gibt alte und moderne Gedichte, die durchgängig im Ganzen und überall den göttlichen Hauch der Ironie atmen. Es lebt in ihnen eine wirklich transzendentale Buffonerie. Im Innern, die Stimmung, welche alles übersieht, und sich über alles Bedingte unendlich erhebt, auch über eigne Kunst, Tugend, oder Genialität: im Äußern, in der Ausführung die mimische Manier eines gewöhnlichen guten italiänischen Buffo.

[43] Hippel, sagt Kant, hatte die empfehlungswürdige Maxime, man müsse das schmackhafte Gericht einer launigen Darstellung noch durch die Zutat des Nachgedachten würzen. Warum will Hippel nicht mehr Nachfolger in dieser Maxime finden, da doch Kant sie gebilligt hat?

[44] Man sollte sich nie auf den Geist des Altertums berufen, wie auf eine Autorität. Es ist eine eigene Sache mit den Geistern; sie lassen sich nicht mit Händen greifen, und dem andern vorhalten. Geister zeigen sich nur Geistern. Das Kürzeste und das Bündigste wäre wohl auch hier, den Besitz des alleinseligmachenden Glaubens durch gute Werke zu beweisen.

[45] Bei der sonderbaren Liebhaberei moderner Dichter für griechische Terminologie in Benennung ihrer Produkte, erinnert man sich der naiven Äußerung eines Franzosen bei Gelegenheit der neuen altrepublikanischen Feste: *que pourtant nous sommes menacés de rester toujours François.* – Manche solcher Benennungen der Feudalpoesie können bei den Literatoren künftiger Zeitalter ähnliche Un-

tersuchungen veranlassen, wie die, warum Dante sein großes Werk eine göttliche Komödie nannte. – Es gibt Tragödien, die man, wenn einmal etwas Griechisches im Namen sein soll, am besten traurige Mimen nennen könnte. Sie scheinen nach dem Begriff von Tragödie getauft zu sein, der einmal beim Shakespeare vorkommt, aber von großer Allgemeinheit in der modernen Kunstgeschichte ist: eine Tragödie ist ein Drama, worin Pyramus sich selbst umbringt.

[46] Die Römer sind uns näher und begreiflicher als die Griechen; und doch ist echter Sinn für die Römer noch ungleich seltner als der für die Griechen, weil es weniger synthetische als analytische Naturen gibt. Denn auch für Nationen gibts einen eignen Sinn; für historische wie für moralische Individuen, nicht bloß für praktische Gattungen, Künste oder Wissenschaften.

[47] Wer etwas Unendliches will, der weiß nicht was er will. Aber umkehren läßt sich dieser Satz nicht.

[48] Ironie ist die Form des Paradoxen. Paradox ist alles, was zugleich gut und groß ist.

[49] Eins der wichtigsten Moyens der dramatischen und romantischen Kunst bei den Engländern sind die Guineen. Besonders in der Schlußcadence werden sie stark gebraucht, wenn die Bässe anfangen recht voll zu arbeiten.

[50] Wie tief doch im Menschen der Hang wurzelt, individuelle oder nationale Eigenheiten zu generalisieren! Selbst Chamfort sagt: »*Les vers ajoutent de l'esprit à la pensée de l'homme qui en a quelquefois assez peu; et c'est ce qu'on appelle talent.*« – Ist dies allgemeiner französischer Sprachgebrauch?

[51] Witz als Werkzeug der Rache ist so schändlich, wie Kunst als Mittel des Sinnenkitzels.

[52] In manchem Gedicht erhält man stellenweise statt der Darstellung nur eine Überschrift, welche anzeigt, daß hier eigentlich dies oder das dargestellt sein sollte, daß der Künstler aber Verhinderung gehabt habe, und ergebenst um gewogene Entschuldigung bittet.

[53] In Rücksicht auf die Einheit sind die meisten modernen Gedichte Allegorien (Mysterien, Moralitäten,) oder Novellen (Avantüren, Intrigen); ein Gemisch, oder eine Verdünnung von diesen.

[54] Es gibt Schriftsteller die Unbedingtes trinken wie Wasser; und Bücher, wo selbst die Hunde sich aufs Unendliche beziehen.

[55] Ein recht freier und gebildeter Mensch müßte sich selbst nach Belieben philosophisch oder philologisch, kritisch oder poetisch, historisch oder rhetorisch, antik oder modern stimmen können, ganz willkürlich, wie man ein Instrument stimmt, zu jeder Zeit, und in jedem Grade.

[56] Witz ist logische Geselligkeit.

[57] Wenn manche mystische Kunstliebhaber, welche jede Kritik für Zergliederung, und jede Zergliederung für Zerstörung des Genusses halten, konsequent dächten: so wäre Potztausend das beste Kunsturteil über das würdigste Werk. Auch gibts Kritiken, die nichts mehr sagen, nur viel weitläuftiger.

[58] Wie die Menschen lieber groß handeln mögen, als gerecht: so wollen auch die Künstler veredeln und belehren.

[59] Chamforts Lieblingsgedanke, der Witz sei ein Ersatz der unmöglichen Glückseligkeit, gleichsam ein kleines Prozent, womit die bankerotte Natur sich für die nicht honorierte Schuld des höchsten Gutes abfinde; ist nicht viel glücklicher als der des Shaftesbury, Witz sei der Prüfstein der Wahrheit, oder als das gemeinere Vorurteil, sittliche Veredlung sei der höchste Zweck der schönen Kunst. Witz ist Zweck an sich, wie die Tugend, die Liebe und die Kunst. Der genialische Mann fühlte, so scheint es, den unendlichen Wert des Witzes, und da die französische Philosophie nicht hinreicht, um dieses zu begreifen, so suchte er sein Höchstes instinktmäßig mit dem, was nach dieser das Erste und Höchste ist, zu verknüpfen. Und als Maxime ist der Gedanke, der Weise müsse gegen das Schicksal immer *en état d'epigramme* sein, schön und echt zynisch.

[60] Alle klassischen Dichtarten in ihrer strengen Reinheit sind jetzt lächerlich.

[61] Streng genommen ist der Begriff eines wissenschaftlichen Gedichts wohl so widersinnig, wie der einer dichterischen Wissenschaft.

[62] Man hat schon so viele Theorien der Dichtarten. Warum hat man noch keinen Begriff von Dichtart? Vielleicht würde man sich dann mit einer einzigen Theorie der Dichtarten behelfen müssen.

[63] Nicht die Kunst und die Werke machen den Künstler, sondern der Sinn und die Begeisterung und der Trieb.

[64] Es bedürfte eines neuen »Laokoon«, um die Grenzen der Musik und der Philosophie zu bestimmen. Zur richtigen Ansicht mancher Schriften fehlt es noch an einer Theorie der grammatischen Tonkunst.

[65] Die Poesie ist eine republikanische Rede; eine Rede, die ihr eignes Gesetz und ihr eigner Zweck ist, wo alle Teile freie Bürger sind, und mitstimmen dürfen.

[66] Die revolutionäre Objektivitätswut meiner frühern philosophischen Musikalien hat etwas weniges von der Grundwut, die unter Reinholds Konsulate in der Philosophie so gewaltig um sich griff.

[67] In England ist der Witz wenigstens eine Profession, wenn auch keine Kunst. Alles wird da zünftig, und selbst die *roués* dieser Insel sind Pedanten. So auch ihre *wits*, welche die unbedingte Willkür, deren Schein dem Witz das Romantische und Pikante gibt, in die Wirklichkeit einführen, und so auch witzig leben; daher ihr Talent zur Tollheit. Sie sterben für ihre Grundsätze.

[68] Wieviel Autoren gibts wohl unter den Schriftstellern? Autor heißt Urheber.

[69] Es gibt auch negativen Sinn, der viel besser ist als Null, aber viel seltner. Man kann etwas innig lieben, eben weil mans nicht hat: das gibt wenigstens ein Vorgefühl ohne Nachsatz. Selbst entschiedne Unfähigkeit, die man klar weiß, oder gar mit starker Antipathie ist bei reinem Mangel ganz unmöglich, und setzt wenigstens partiale Fähigkeit und Sympathie voraus. Gleich dem Platonischen Eros ist also wohl dieser negative Sinn der Sohn des Überflusses und der Armut. Er entsteht, wenn einer bloß den Geist hat, ohne den Buchstaben; oder umgekehrt, wenn er bloß die Materialien und

Förmlichkeiten hat, die trockne harte Schale des produktiven Genies ohne den Kern. Im ersten Falle gibts reine Tendenzen, Projekte die so weit sind, wie der blaue Himmel, oder wenn's hoch kömmt, skizzierte Fantasien: im letzten zeigt sich jene harmonisch ausgebildete Kunst-Plattheit, in welcher die größten engländischen Kritiker so klassisch sind. Das Kennzeichen der ersten Gattung, des negativen Sinns vom Geiste ist, wenn einer immer wollen muß, ohne je zu können; wenn einer immer hören mag, ohne je zu vernehmen.

[70] Leute die Bücher schreiben, und sich dann einbilden, ihre Leser wären das Publikum, und sie müßten das Publikum bilden: diese kommen sehr bald dahin, ihr sogenanntes Publikum nicht bloß zu verachten, sondern zu hassen; welches zu gar nichts führen kann.

[71] Sinn für Witz ohne Witz ist doch schon das Abc der Liberalität.

[72] Eigentlich haben sie's recht gern, wenn ein Dichterwerk ein wenig ruchlos ist, besonders in der Mitte; nur muß der Anstand nicht gradezu beleidigt werden, und zuletzt muß alles ein gutes Ende nehmen.

[73] Was in gewöhnlichen guten oder vortrefflichen Übersetzungen verloren geht, ist grade das Beste.

[74] Es ist unmöglich, jemanden ein Ärgernis zu geben, wenn er's nicht nehmen will.

[75] Noten sind philologische Epigramme; Übersetzungen philologische Mimen; manche Kommentare, wo der Text nur Anstoß oder Nicht-Ich ist, philologische Idyllen.

[76] Es gibt einen Ehrgeiz, welcher lieber der Erste unter den Letzten sein will, als der Zweite unter den Ersten. Das ist der alte. Es gibt einen andern Ehrgeiz, der lieber wie Tassos Gabriel:

Gabriel, che fra i primi era il secondo;

der Zweite unter den Ersten, als der Erste unter den Zweiten sein will. Das ist der moderne.

[77] Maximen, Ideale, Imperative und Postulate sind jetzt bisweilen Rechenpfennige der Sittlichkeit.

[78] Mancher der vortrefflichsten Romane ist ein Kompendium, eine Enzyclopädie des ganzen geistigen Lebens eines genialischen Individuums; Werke die das sind, selbst in ganz andrer Form, wie »Nathan«, bekommen dadurch einen Anstrich vom Roman. Auch enthält jeder Mensch, der gebildet ist, und sich bildet, in seinem Innern einen Roman. Daß er ihn aber äußre und schreibe, ist nicht nötig.

[79] Zur Popularität gelangen deutsche Schriften durch einen großen Namen, oder durch Persönlichkeiten, oder durch gute Bekanntschaft, oder durch Anstrengung, oder durch mäßige Unsittlichkeit, oder durch vollendete Unverständlichkeit, oder durch harmonische Plattheit, oder durch vielseitige Langweiligkeit, oder durch beständiges Streben nach dem Unbedingten.

[80] Ungern vermisse ich in Kants Stammbaum der Urbegriffe die Kategorie Beinahe, die doch gewiß ebensoviel gewirkt hat in der Welt und in der Literatur, und ebensoviel verdorben, als irgendeine andre Kategorie. In dem Geiste der Naturskeptiker tingiert sie alle übrigen Begriffe und Anschauungen.

[81] Es hat etwas Kleinliches, gegen Individuen zu polemisieren, wie der Handel *en detail.* Will er die Polemik nicht *en gros* treiben, so muß der Künstler wenigstens solche Individuen wählen, die klassisch sind, und von ewig dauerndem Wert. Ist auch das nicht möglich, etwa im traurigen Fall der Notwehr: so müssen die Individuen, kraft der polemischen Fiktion, so viel als möglich zu Repräsentanten der objektiven Dummheit, und der objektiven Narrheit idealisiert werden: denn auch diese sind wie alles Objektive, unendlich interessant, wie der höhern Polemik würdige Gegenstände sein müssen.

[82] Geist ist Naturphilosophie.

[83] Manieren sind charakteristische Ecken.

[84] Aus dem, was die Modernen wollen, muß man lernen, was die Poesie werden soll: aus dem, was die Alten tun, was sie sein muß.

[85] Jeder rechtliche Autor schreibt für niemand, oder für alle. Wer schreibt, damit ihn diese und jene lesen mögen, verdient, daß er nicht gelesen werde.

[86] Der Zweck der Kritik, sagt man, sei, Leser zu bilden! – Wer gebildet sein will, mag sich doch selbst bilden. Dies ist unhöflich: es steht aber nicht zu ändern.

[87] Da die Poesie unendlich viel wert ist, so sehe ich nicht ein, warum sie auch noch bloß mehr wert sein soll, wie dies und jenes, was auch unendlich viel wert ist. Es gibt Künstler, welche nicht etwa zu groß von der Kunst denken, denn das ist unmöglich, aber doch nicht frei genug sind, sich selbst über ihr Höchstes zu erheben.

[88] Nichts ist pikanter, als wenn ein genialischer Mann Manieren hat; nämlich wenn er sie hat: aber gar nicht, wenn sie ihn haben; das führt zur geistigen Versteinerung.

[89] Sollte es nicht überflüssig sein, mehr als Einen Roman zu schreiben, wenn der Künstler nicht etwa ein neuer Mensch geworden ist? – Offenbar gehören nicht selten alle Romane eines Autors zusammen, und sind gewissermaßen nur ein Roman.

[90] Witz ist eine Explosion von gebundnem Geist.

[91] Die Alten sind weder die Juden, noch die Christen, noch die Engländer der Poesie. Sie sind nicht ein willkürlich auserwähltes Kunstvolk Gottes; noch haben sie den alleinseligmachenden Schönheitsglauben; noch besitzen sie ein Dichtungsmonopol.

[92] Auch der Geist kann, wie das Tier, nur in einer aus reiner Lebensluft und Azote gemischten Atmosphäre atmen. Dies nicht ertragen und begreifen zu können, ist das Wesen der Torheit; es schlechthin nicht zu wollen, der Anfang der Narrheit.

[93] In den Alten sieht man den vollendeten Buchstaben der ganzen Poesie: in den Neuern ahnet man den werdenden Geist.

[94] Mittelmäßige Autoren, die ein kleines Buch so ankündigen, als ob sie einen großen Riesen wollten sehen lassen, sollten von der literarischen Polizei genötigt werden, ihr Produkt mit dem Motto stempeln zu lassen: *This is the greatest elephant in the world, except himself.*

[95] Die harmonische Plattheit kann dem Philosophen sehr nützlich werden, als ein heller Leuchtturm für noch unbefahrne Gegenden

des Lebens, der Kunst oder der Wissenschaft. – Er wird den Menschen, das Buch vermeiden, die ein harmonisch Platter bewundert und liebt; und der Meinung wenigstens mißtrauen, an die mehre der Art fest glauben.

[96] Ein gutes Rätsel sollte witzig sein; sonst bleibt nichts, sobald das Wort gefunden ist: auch ist's nicht ohne Reiz, wenn ein witziger Einfall insoweit rätselhaft ist, daß er erraten sein will: nur muß sein Sinn gleich völlig klar werden, sobald er getroffen ist.

[97] Salz im Ausdruck ist das Pikante, pulverisiert. Es gibt grobkörniges und feines.

[98] Folgendes sind allgemeingültige Grundgesetze der schriftstellerischen Mitteilung: 1) Man muß etwas haben, was mitgeteilt werden soll; 2) man muß jemand haben, dem man's mitteilen wollen darf; 3) man muß es wirklich mitteilen, mit ihm teilen können, nicht bloß sich äußern, allein; sonst wäre es treffender, zu schweigen.

[99] Wer nicht selbst ganz neu ist, der beurteilt das Neue, wie alt; und das Alte wird einem immer wieder neu, bis man selbst alt wird.

[100] Die Poesie des einen heißt die philosophische; die des andern die philologische; die des dritten die rhetorische, u.s.w. Welches ist denn nun die poetische Poesie?

[101] Affektation entspringt nicht so wohl aus dem Bestreben, neu, als aus der Furcht, alt zu sein.

[102] Alles beurteilen zu wollen, ist eine große Verirrung oder eine kleine Sünde.

[103] Viele Werke, deren schöne Verkettung man preist, haben weniger Einheit, als ein bunter Haufen von Einfällen, die nur vom Geiste eines Geistes belebt, nach Einem Ziele zielen. Diese verbindet doch jenes freie und gleiche Beisammensein, worin sich auch die Bürger des vollkommnen Staats, nach der Versicherung der Weisen, dereinst befinden werden; jener unbedingt gesellige Geist, welcher nach der Anmaßung der Vornehmen jetzt nur in dem gefunden wird, was man so seltsam, und beinahe kindisch große Welt zu nennen pflegt. Manches Erzeugnis hingegen, an dessen Zusammenhang niemand zweifelt, ist, wie der Künstler selbst sehr wohl weiß,

kein Werk, sondern nur Bruchstück, eins oder mehre, Masse, Anlage. So mächtig ist aber der Trieb nach Einheit im Menschen, daß der Urheber selbst, was er durchaus nicht vollenden oder vereinigen kann, oft gleich bei der Bildung doch wenigstens ergänzt; oft sehr sinnreich und dennoch ganz widernatürlich. Das Schlimmste dabei ist, daß alles, was man den gediegenen Stücken, die wirklich da sind, so drüber aufhängt, um einen Schein von Ganzheit zu erkünsteln, meistens nur aus gefärbten Lumpen besteht. Sind diese nun auch gut und täuschend geschminkt, und mit Verstand drappiert: so ist's eigentlich um desto schlimmer. Dann wird anfänglich auch der Auserwählte getäuscht, welcher tiefen Sinn hat für das wenige tüchtig Gute und Schöne, was noch in Schriften wie in Handlungen sparsam hie und da gefunden wird. Er muß nun erst durch Urteil zur richtigen Empfindung gelangen! Geschieht die Scheidung auch noch so schnell: so ist doch der erste frische Eindruck einmal weg.

[104] Was man gewöhnlich Vernunft nennt, ist nur eine Gattung derselben; nämlich die dünne und wäßrige. Es gibt auch eine dicke feurige Vernunft, welche den Witz eigentlich zum Witz macht, und dem gediegenen Styl das Elastische gibt und das Elektrische.

[105] Sieht man auf den Geist, nicht auf den Buchstaben: so war das ganze römische Volk, samt dem Senat, und samt allen Triumphatoren und Cäsaren ein Zyniker.

[106] Nichts ist in seinem Ursprung jämmerlicher und in seinen Folgen gräßlicher, als die Furcht, lächerlich zu sein. Daher z.B. die Knechtschaft der Weiber und mancher andre Krebsschaden der Menschheit.

[107] Die Alten sind Meister der poetischen Abstraktion: die Modernen haben mehr poetische Spekulation.

[108] Die Sokratische Ironie ist die einzige durchaus unwillkürliche, und doch durchaus besonnene Verstellung. Es ist gleich unmöglich sie zu erkünsteln, und sie zu verraten. Wer sie nicht hat, dem bleibt sie auch nach dem offensten Geständnis ein Rätsel. Sie soll niemanden täuschen, als die, welche sie für Täuschung halten, und entweder ihre Freude haben an der herrlichen Schalkheit, alle Welt zum besten zu haben, oder böse werden, wenn sie ahnden, sie wären wohl auch mit gemeint. In ihr soll alles Scherz und alles Ernst sein, alles treuherzig offen, und alles tief verstellt. Sie entspringt aus der Vereini-

gung von Lebenskunstsinn und wissenschaftlichem Geist, aus dem Zusammentreffen vollendeter Naturphilosophie und vollendeter Kunstphilosophie. Sie enthält und erregt ein Gefühl von dem unauflöslichen Widerstreit des Unbedingten und des Bedingten, der Unmöglichkeit und Notwendigkeit einer vollständigen Mitteilung. Sie ist die freieste aller Lizenzen, denn durch sie setzt man sich über sich selbst weg; und doch auch die gesetzlichste, denn sie ist unbedingt notwendig. Es ist ein sehr gutes Zeichen, wenn die harmonisch Platten gar nicht wissen, wie sie diese stete Selbstparodie zu nehmen haben, immer wieder von neuem glauben und mißglauben, bis sie schwindlicht werden, den Scherz grade für Ernst, und den Ernst für Scherz halten. Lessings Ironie ist Instinkt; bei Hemsterhuys ist's klassisches Studium; Hülsens Ironie entspringt aus Philosophie der Philosophie, und kann die jener noch weit übertreffen.

[109] Milder Witz, oder Witz ohne Pointe, ist ein Privilegium der Poesie, was die Prosa ihr ja lassen muß: denn nur durch die schärfste Richtung auf Einen Punkt kann der einzelne Einfall eine Art von Ganzheit erhalten.

[110] Sollte die harmonische Ausbildung der Adlichen und der Künstler nicht etwa bloß eine harmonische Einbildung sein?

[111] Chamfort war, was Rousseau gern scheinen wollte: ein echter Zyniker, im Sinne der Alten mehr Philosoph, als eine ganze Legion trockner Schulweisen. Obgleich er sich anfänglich mit den Vornehmen gemein gemacht hatte, lebte er dennoch frei, wie er auch frei und würdig starb, und verachtete den kleinen Ruhm eines großen Schriftstellers. Er war Mirabeaus Freund. Sein köstlichster Nachlaß sind seine Einfälle und Bemerkungen zur Lebensweisheit; ein Buch voll von gediegenem Witz, tiefem Sinn, zarter Fühlbarkeit, von reifer Vernunft und fester Männlichkeit, und von interessanten Spuren der lebendigsten Leidenschaftlichkeit, und dabei auserlesen und von vollendetem Ausdruck; ohne Vergleich das höchste und erste seiner Art.

[112] Der analytische Schriftsteller beobachtet den Leser, wie er ist; danach macht er seinen Kalkül, legt seine Maschinen an, um den gehörigen Effekt auf ihn zu machen. Der synthetische Schriftsteller konstruiert und schafft sich einen Leser, wie er sein soll; er denkt sich denselben nicht ruhend und tot, sondern lebendig und entgegenwirkend. Er läßt das, was er erfunden hat, vor seinen Augen

stufenweise werden, oder er lockt ihn es selbst zu erfinden. Er will keine bestimmte Wirkung auf ihn machen, sondern er tritt mit ihm in das heilige Verhältnis der innigsten Symphilosophie oder Sympoesie.

[113] Voß ist in der »Louise« ein Homeride: so ist auch Homer in seiner Übersetzung ein Vosside.

[114] Es gibt so viele kritische Zeitschriften von verschiedener Natur und mancherlei Absichten! Wenn sich doch auch einmal eine Gesellschaft der Art verbinden wollte, welche bloß den Zweck hätte, die Kritik selbst, die doch auch notwendig ist, allmählich zu realisieren.

[115] Die ganze Geschichte der modernen Poesie ist ein fortlaufender Kommentar zu dem kurzen Text der Philosophie: Alle Kunst soll Wissenschaft, und alle Wissenschaft soll Kunst werden; Poesie und Philosophie sollen vereinigt sein.

[116] Die Deutschen, sagt man, sind, was Höhe des Kunstsinns und des wissenschaftlichen Geistes betrifft, das erste Volk in der Welt. Gewiß; nur gibt es sehr wenige Deutsche.

[117] Poesie kann nur durch Poesie kritisiert werden. Ein Kunsturteil, welches nicht selbst ein Kunstwerk ist, entweder im Stoff, als Darstellung des notwendigen Eindrucks in seinem Werden, oder durch eine schöne Form, und einen im Geist der alten römischen Satire liberalen Ton, hat gar kein Bürgerrecht im Reiche der Kunst.

[118] War nicht alles, was abgenutzt werden kann, gleich anfangs schief oder platt?

[119] Sapphische Gedichte müssen wachsen und gefunden werden. Sie lassen sich weder machen, noch ohne Entweihung öffentlich mitteilen. Wer es tut, dem fehlt es zugleich an Stolz und an Bescheidenheit. An Stolz: indem er sein Innerstes herausreißt, aus der heiligen Stille des Herzens, und es hinwirft unter die Menge, daß sie's angaffen, roh oder fremd; und das für ein lausiges *Da capo* oder für Friedrichsd'or. Unbescheiden aber bleibt's immer, sein Selbst auf die Ausstellung zu schicken, wie ein Urbild. Und sind lyrische Gedichte nicht ganz eigentümlich, frei und wahr: so taugen sie nichts, als solche. Petrarca gehört nicht hierher: der kühle Liebhaber sagt

ja nichts, als zierliche Allgemeinheiten; auch ist er romantisch, nicht lyrisch. Gäbe es aber auch noch eine Natur so konsequent schön und klassisch, daß sie sich nackt zeigen dürfte, wie Phryne vor allen Griechen: so gibts doch kein Olympisches Publikum mehr für ein solches Schauspiel. Auch war es Phryne. Nur Zyniker lieben auf dem Markt. Man kann ein Zyniker sein und ein großer Dichter: der Hund und der Lorbeer haben gleiches Recht, Horazens Denkmal zu zieren. Aber Horazisch ist noch bei weitem nicht Sapphisch. Sapphisch ist nie zynisch.

[120] Wer Goethes »Meister« gehörig charakterisierte, der hätte damit wohl eigentlich gesagt, was es jetzt an der Zeit ist in der Poesie. Er dürfte sich, was poetische Kritik betrifft, immer zur Ruhe setzen.

[121] Die einfachsten und nächsten Fragen, wie: Soll man Shakespeares Werke als Kunst oder als Natur beurteilen? und: Ist das Epos und die Tragödie wesentlich verschieden oder nicht? und: Soll die Kunst täuschen oder bloß scheinen? können nicht beantwortet werden ohne die tiefste Spekulation und die gelehrteste Kunstgeschichte.

[122] Wenn irgend etwas die hohe Idee von Deutschheit rechtfertigen kann, die man hie und da findet: so ist's die entschiedne Vernachlässigung und Verachtung solcher gewöhnlich guten Schriftsteller, die jede andre Nation mit Pomp in ihren Johnson aufnehmen würde, und der ziemlich allgemeine Hang, auch an dem, was sie als das beste erkennen, und was besser ist, als daß die Ausländer es schon gut finden könnten, frei zu tadeln, und es überall recht genau zu nehmen.

[123] Es ist eine unbesonnene und unbescheidne Anmaßung, aus der Philosophie etwas über die Kunst lernen zu wollen. Manche fangen's so an, als ob sie hofften hier etwas Neues zu erfahren; da die Philosophie doch weiter nichts kann und können soll, als die gegebnen Kunsterfahrungen und vorhandnen Kunstbegriffe zur Wissenschaft machen, die Kunstansicht erheben, mit Hülfe einer gründlich gelehrten Kunstgeschichte erweitern, und diejenige logische Stimmung auch über diese Gegenstände zu erzeugen, welche absolute Liberalität mit absolutem Rigorismus vereinigt.

[124] Auch im Innern und Ganzen der größten modernen Gedichte ist Reim, symmetrische Wiederkehr des Gleichen. Dies rundet nicht nur vortrefflich, sondern kann auch höchst tragisch wirken. Zum Beispiel, die Champagnerflasche und die drei Gläser, welche die alte Barbara in der Nacht vor Wilhelm auf den Tisch setzt. – Ich möchte es den gigantischen oder den Shakespeareschen Reim nennen: denn Shakespeare ist Meister darin.

[125] Schon Sophokles glaubte treuherzig, seine dargestellten Menschen seien besser als die wirklichen. Wo hat er einen Sokrates dargestellt, einen Solon, Aristides, so unzählig viele andre? – Wie oft läßt sich nicht diese Frage auch für andre Dichter wiederholen? Wie haben nicht auch die größten Künstler wirkliche Helden in ihrer Darstellung verkleinert? Und doch ist jener Wahn allgemein geworden, von den Imperatoren der Poesie bis zu den geringsten Liktoren. Dichtern mag er auch wohl heilsam sein können, wie jede konsequente Beschränkung, um die Kraft zu kondensieren und zu konzentrieren. Ein Philosoph aber, der sich davon anstecken ließe, verdiente wenigstens deportiert zu werden, aus dem Reiche der Kritik. Oder gibt es etwa nicht unendlich viel Gutes und Schönes im Himmel und auf Erden, wovon sich die Poesie nichts träumen läßt?

[126] Die Römer wußten, daß der Witz ein prophetisches Vermögen ist; sie nannten ihn Nase.

[127] Es ist indelikat, sich drüber zu wundern, wenn etwas schön ist, oder groß; als ob es anders sein dürfte.

Fragmente

(Athenäums-Fragmente)

[Mit Beiträgen von
August Wilhelm Schlegel,
Friedrich Schleiermacher
und Novalis]

[1] Über keinen Gegenstand philosophieren sie seltner als über die Philosophie.

[2] Die Langeweile gleicht auch in ihrer Entstehungsart der Stickluft, wie in den Wirkungen. Beide entwickeln sich gern, wo eine Menge Menschen im eingeschloßnen Raum beisammen ist.

[3] Kant hat den Begriff des Negativen in die Weltweisheit eingeführt. Sollte es nicht ein nützlicher Versuch sein, nun auch den Begriff des Positiven in die Philosophie einzuführen?

[4] Zum großen Nachteil der Theorie von den Dichtarten vernachlässigt man oft die Unterabteilungen der Gattungen. So teilt sich zum Beispiel die Naturpoesie in die natürliche und in die künstliche, und die Volkspoesie in die Volkspoesie für das Volk und in die Volkspoesie für Standespersonen und Gelehrte.

[5] Was gute Gesellschaft genannt wird, ist meistens nur eine Mosaik von geschliffnen Karikaturen.

[6] Manche haben es in »Hermann und Dorothea« als einen großen Mangel an Delikatesse getadelt, daß der Jüngling seiner Geliebten, einer verarmten Bäurin, verstellter Weise den Vorschlag tut, als Magd in das Haus seiner guten Eltern zu kommen. Diese Kritiker mögen übel mit ihrem Gesinde umgehen. [A.W. Schlegel]

[7] Ihr verlangt immer neue Gedanken? Tut etwas Neues, so läßt sich etwas Neues darüber sagen. [A.W. Schlegel]

[8] Gewissen Lobrednern der vergangenen Zeiten unsrer Literatur darf man kühnlich antworten, wie Sthenelos dem Agamemnon: wir rühmen uns viel besser zu sein denn unsre Väter. [A.W. Schlegel]

[9] Zum Glück wartet die Poesie eben so wenig auf die Theorie, als die Tugend auf die Moral, sonst hätten wir fürs erste keine Hoffnung zu einem Gedicht. [A.W. Schlegel]

[10] Die Pflicht ist Kants Eins und Alles. Aus Pflicht der Dankbarkeit behauptet er, müsse man die Alten verteidigen und schätzen; und nur aus Pflicht ist er selbst ein großer Mann geworden.

[11] Der Parisischen schönen Welt haben Geßners Idyllen grade so gefallen, wie der an *haut gout* gewöhnte Gaum sich manchmal an Milchspeisen labt. [A.W. Schlegel]

[12] Man hat von manchem Monarchen gesagt: er würde ein sehr liebenswürdiger Privatmann gewesen sein, nur zum Könige habe er nicht getaugt. Verhält es sich etwa mit der Bibel ebenso? Ist sie auch bloß ein liebenswürdiges Privatbuch, das nur nicht Bibel sein sollte?

[13] Wenn junge Personen beiderlei Geschlechts nach einer lustigen Musik zu tanzen wissen, so fällt es ihnen gar nicht ein, deshalb über die Tonkunst urteilen zu wollen. Warum haben die Leute weniger Respekt vor der Poesie?

[14] Schöner Mutwille im Vortrage ist das einzige was die poetische Sittlichkeit lüsterner Schilderungen retten kann. Sie zeugen von Schlaffheit und Verkehrtheit wenn sich nicht überschäumende Fülle der Lebenskraft in ihnen offenbart. Die Einbildungskraft muß ausschweifen wollen, nicht dem herrschenden Hange der Sinne knechtisch nachzugeben gewohnt sein. Und doch findet man unter uns meistens die fröhliche Leichtfertigkeit am verdammlichsten; hingegen hat man das Stärkste in dieser Art verziehen, wenn es mit einer fantastischen Mystik der Sinnlichkeit umgeben war. Als ob eine Schlechtigkeit durch eine Tollheit wieder gut gemacht würde! [A.W. Schlegel]

[15] Der Selbstmord ist gewöhnlich nur eine Begebenheit, selten eine Handlung. Ist es das erste, so hat der Täter immer Unrecht, wie ein Kind, das sich emanzipieren will. Ist es aber eine Handlung, so kann vom Recht gar nicht die Frage sein, sondern nur von der

Schicklichkeit. Denn dieser allein ist die Willkür unterworfen, welche alles bestimmen soll was in den reinen Gesetzen nicht bestimmt werden kann, wie das Jetzt, und das Hier, und alles bestimmen darf, was nicht die Willkür andrer, und dadurch sie selbst vernichtet. Es ist nie unrecht, freiwillig zu sterben, aber oft unanständig, länger zu leben.

[16] Wenn das Wesen des Zynismus darin besteht, der Natur vor der Kunst, der Tugend vor der Schönheit und Wissenschaft den Vorzug zu geben; unbekümmert um den Buchstaben, auf den der Stoiker streng hält, nur auf den Geist zu sehen, allen ökonomischen Wert und politischen Glanz unbedingt zu verachten, und die Rechte der selbständigen Willkür tapfer zu behaupten: so dürfte der Christianismus wohl nichts anders sein, als universeller Zynismus.

[17] Die dramatische Form kann man wählen aus Hang zur systematischen Vollständigkeit, oder um Menschen nicht bloß darzustellen, sondern nachzuahmen und nachzumachen, oder aus Bequemlichkeit, oder aus Gefälligkeit für die Musik, oder auch aus reiner Freude am Sprechen, und Sprechen lassen.

[18] Es gibt verdiente Schriftsteller, die mit jugendlichem Eifer die Bildung ihres Volkes betrieben haben, sie aber da fixieren wollen, wo die Kraft sie selbst verließ. Dies ist umsonst: wer einmal töricht, oder edel, sich bestrebt hat, in den Gang des menschlichen Geistes mit einzugreifen, muß mit fort, oder er ist nicht besser dran als ein Hund im Bratenwender, der die Pfoten nicht vorwärts setzen will. [A.W. Schlegel]

[19] Das sicherste Mittel unverständlich oder vielmehr mißverständlich zu sein, ist, wenn man die Worte in ihrem ursprünglichen Sinne braucht; besonders Worte aus den alten Sprachen.

[20] Duclos bemerkt, es gebe wenig ausgezeichnete Werke, die nicht von Schriftstellern von Profession herrühren. In Frankreich wird dieser Stand seit langer Zeit mit Achtung anerkannt. Bei uns galt man ehedem weniger als nichts wenn man bloß Schriftsteller war. Noch jetzt regt sich dies Vorurteil hier und da, aber die Gewalt verehrter Beispiele muß es immer mehr lähmen. Die Schriftstellerei ist, je nachdem man sie treibt, eine Infamie, eine Ausschweifung, eine Tagelöhnerei, ein Handwerk, eine Kunst, eine Wissenschaft und eine Tugend. [A.W. Schlegel]

[21] Die Kantische Philosophie gleicht dem untergeschobnen Briefe, den Maria in Shakespeares »Was ihr wollt«, dem Malvolio in den Weg legt. Nur mit dem Unterschiede, daß es in Deutschland zahllose philosophische Malvolios gibt, die nun die Kniegürtel kreuzweise binden, gelbe Strümpfe tragen, und immerfort fantastisch lächeln.

[22] Ein Projekt ist der subjektive Keim eines werdenden Objekts. Ein vollkommnes Projekt müßte zugleich ganz subjektiv, und ganz objektiv, ein unteilbares und lebendiges Individuum sein. Seinem Ursprunge nach, ganz subjektiv, original, nur grade in diesem Geiste möglich; seinem Charakter nach ganz objektiv, physisch und moralisch notwendig. Der Sinn für Projekte, die man Fragmente aus der Zukunft nennen könnte, ist von dem Sinn für Fragmente aus der Vergangenheit nur durch die Richtung verschieden, die bei ihm progressiv, bei jenem aber regressiv ist. Das Wesentliche ist die Fähigkeit, Gegenstände unmittelbar zugleich zu idealisieren, und zu realisieren, zu ergänzen, und teilweise in sich auszuführen. Da nun transzendental eben das ist, was auf die Verbindung oder Trennung des Idealen und des Realen Bezug hat; so könnte man wohl sagen, der Sinn für Fragmente und Projekte sei der transzendentale Bestandteil des historischen Geistes.

[23] Es wird manches gedruckt, was besser nur gesagt würde, und zuweilen etwas gesagt, was schicklicher gedruckt wäre. Wenn die Gedanken die besten sind, die sich zugleich sagen und schreiben lassen, so ists wohl der Mühe wert, zuweilen nachzusehen, was sich von dem Gesprochnen schreiben, und was sich von dem Geschriebnen drucken läßt. Anmaßend ist es freilich, noch bei Lebzeiten Gedanken zu haben, ja bekannt zu machen. Ganze Werke zu schreiben ist ungleich bescheidner, weil sie ja wohl bloß aus andern Werken zusammengesetzt sein können, und weil dem Gedanken da auf den schlimmsten Fall die Zuflucht bleibt, der Sache den Vorrang zu lassen, und sich demütig in den Winkel zu stellen. Aber Gedanken, einzelne Gedanken sind gezwungen, einen Wert für sich haben zu wollen, und müssen Anspruch darauf machen, eigen und gedacht zu sein. Das einzige, was eine Art von Trost dagegen gibt, ist, daß nichts anmaßender sein kann, als überhaupt zu existieren, oder gar auf eine bestimmte selbständige Art zu existieren. Aus dieser ursprünglichen Grundanmaßung folgen nun doch einmal alle abgeleiteten, man stelle sich wie man auch will.

[24] Viele Werke der Alten sind Fragmente geworden. Viele Werke der Neuern sind es gleich bei der Entstehung.

[25] Nicht selten ist das Auslegen ein Einlegen des Erwünschten, oder des Zweckmäßigen, und viele Ableitungen sind eigentlich Ausleitungen. Ein Beweis, daß Gelehrsamkeit und Spekulation der Unschuld des Geistes nicht so schädlich sind, als man uns glauben machen will. Denn ist es nicht recht kindlich, froh über das Wunder zu erstaunen, das man selbst veranstaltet hat?

[26] Die Deutschheit ist wohl darum ein Lieblingsgegenstand der Charakteriseurs, weil eine Nation je weniger sie fertig, umso mehr ein Gegenstand der Kritik ist, und nicht der Historie.

[27] Die meisten Menschen sind, wie Leibnizens mögliche Welten, nur gleichberechtigte Prätendenten der Existenz. Es gibt wenig Existenten.

[28] Folgendes scheinen nächst der vollendeten Darstellung des kritischen Idealismus, die immer das erste bleibt, die wichtigsten Desiderata der Philosophie zu sein: eine materiale Logik, eine poetische Poetik, eine positive Politik, eine systematische Ethik, und eine praktische Historie.

[29] Witzige Einfälle sind die Sprüchwörter der gebildeten Menschen.

[30] Ein blühendes Mädchen ist das reizendste Symbol vom reinen guten Willen.

[31] Prüderie ist Prätension auf Unschuld, ohne Unschuld. Die Frauen müssen wohl prüde bleiben, so lange Männer sentimental, dumm und schlecht genug sind, ewige Unschuld und Mangel an Bildung von ihnen zu fodern. Denn Unschuld ist das einzige, was Bildungslosigkeit adeln kann.

[32] Man soll Witz haben, aber nicht haben wollen; sonst entsteht Witzelei, Alexandrinischer Styl in Witz.

[33] Es ist weit schwerer, andre zu veranlassen, daß sie gut reden, als selbst gut zu reden.

[34] Fast alle Ehen sind nur Konkubinate, Ehen an der linken Hand, oder vielmehr provisorische Versuche, und entfernte Annäherungen zu einer wirklichen Ehe, deren eigentliches Wesen, nicht nach den Paradoxen dieses oder jenes Systems, sondern nach allen geistlichen und weltlichen Rechten darin besteht, daß mehre Personen nur eine werden sollen. Ein artiger Gedanke, dessen Realisierung jedoch viele und große Schwierigkeiten zu haben scheint. Schon darum sollte die Willkür, die wohl ein Wort mitreden darf, wenn es darauf ankommt, ob einer ein Individuum für sich, oder nur der integrante Teil einer gemeinschaftlichen Personalität sein will, hier so wenig als möglich beschränkt werden; und es läßt sich nicht absehen, was man gegen eine Ehe *à quatre* Gründliches einwenden könnte. Wenn aber der Staat gar die mißglückten Eheversuche mit Gewalt zusammenhalten will, so hindert er dadurch die Möglichkeit der Ehe selbst, die durch neue, vielleicht glücklichere Versuche befördert werden könnte.

[35] Der *Zyniker* dürfte eigentlich gar keine Sachen haben: denn alle Sachen, die ein Mensch hat, haben ihn doch in gewissem Sinne wieder.

Es kömmt also nur darauf an, die Sachen so zu haben, als ob man sie nicht hätte. Noch künstlicher und noch zynischer ist es aber, die Sachen so nicht zu habe, als ob man sie hätte. [F. Schlegel und F. Schleiermacher]

[36] Niemand beurteilt eine Dekorationsmalerei und ein Altarblatt, eine Operette und eine Kirchenmusik, eine Predigt und eine philosophische Abhandlung nach demselben Maßstabe. Warum macht man also an die rhetorische Poesie, welche nur auf der Bühne existiert, Foderungen, die nur durch höhere dramatische Kunst erfüllt werden können?

[37] Manche witzige Einfälle sind wie das überraschende Wiedersehen zwei befreundeter Gedanken nach einer langen Trennung.

[38] Die Geduld, sagte S., verhält sich zu Chamforts *état d'epigramme* wie die Religion zur Philosophie. [F. Schleiermacher]

[39] Die meisten Gedanken sind nur Profile von Gedanken. Diese muß man umkehren, und mit ihren Antipoden synthesieren. Viele philosophische Schriften, die es sonst nicht haben würden, erhalten dadurch ein großes Interesse.

[40] Noten zu einem Gedicht, sind wie anatomische Vorlesungen über einen Braten. [A.W. Schlegel]

[41] Die welche Profession davon gemacht haben, den Kant zu erklären waren entweder solche, denen es an einem Organ fehlte, um sich von den Gegenständen über die Kant geschrieben hat, einige Notiz zu verschaffen; oder solche, die nur das kleine Unglück hatten, niemand zu verstehen als sich selbst; oder solche, die sich noch verworrener ausdrückten als er.

[42] Gute Dramen müssen drastisch sein.

[43] Die Philosophie geht noch zu sehr grade aus, ist noch nicht zyklisch genug.

[44] Jede philosophische Rezension sollte zugleich Philosophie der Rezensionen sein.

[45] Neu, oder nicht neu, ist das, wornach auf dem höchsten und niedrigsten Standpunkte, dem Standpunkte der Geschichte, und dem der Neugierde, bei einem Werk gefragt wird.

[46] Ein Regiment Soldaten *en parade* ist nach der Denkart mancher Philosophen ein System.

[47] Kritisch heißt die Philosophie der Kantianer wohl *per antiphrasin;* oder es ist ein *epitheton ornans.*

[48] Mit den größten Philosophen geht mirs, wie dem Plato mit den Spartanern. Er liebte und achtete sie unendlich, aber er klagt immer, daß sie überall auf halbem Wege stehn geblieben wären.

[49] Die Frauen werden in der Poesie ebenso ungerecht behandelt, wie im Leben. Die weiblichen sind nicht idealisch, und die idealischen sind nicht weiblich.

[50] Wahre Liebe sollte ihrem Ursprunge nach, zugleich ganz willkürlich und ganz zufällig sein, und zugleich notwendig und frei scheinen; ihrem Charakter nach aber zugleich Bestimmung und Tugend sein, ein Geheimnis, und ein Wunder scheinen.

[51] Naiv ist, was bis zur Ironie, oder bis zum steten Wechsel von Selbstschöpfung und Selbstvernichtung natürlich, individuell oder klassisch ist, oder scheint. Ist es bloß Instinkt, so ists kindlich, kindisch, oder albern; ists bloße Absicht, so entsteht Affektation. Das schöne, poetische, idealische Naive muß zugleich Absicht, und Instinkt sein. Das Wesen der Absicht in diesem Sinne ist die Freiheit. Bewußtsein ist noch bei weitem nicht Absicht. Es gibt ein gewisses verliebtes Anschauen eigner Natürlichkeit oder Albernheit, das selbst unsäglich albern ist. Absicht erfordert nicht gerade einen tiefen Calcul oder Plan. Auch das Homerische Naive ist nicht bloß Instinkt: es ist wenigstens so viel Absicht darin, wie in der Anmut lieblicher Kinder, oder unschuldiger Mädchen. Wenn Er auch keine Absichten hatte, so hat doch seine Poesie und die eigentliche Verfasserin derselben, die Natur, Absicht.

[52] Es gibt eine eigne Gattung Menschen, bei denen die Begeistrung der Langenweile, die erste Regung der Philosophie ist.

[53] Es ist gleich tödlich für den Geist, ein System zu haben, und keins zu haben. Er wird sich also wohl entschließen müssen, beides zu verbinden.

[54] Man kann nur Philosoph werden, nicht es sein. Sobald man es zu sein glaubt, hört man auf es zu werden.

[55] Es gibt Klassifikationen, die als Klassifikationen schlecht genug sind, aber ganze Nationen und Zeitalter beherrschen, und oft äußerst charakteristisch und wie Zentralmonaden eines solchen historischen Individuums sind. So die griechische Einteilung aller Dinge in göttliche und menschliche, die sogar eine Homerische Antiquität ist. So die römische Einteilung in Zu Haus, und Im Kriege. Bei den Neuern redet man immer von dieser und jener Welt, als ob es mehr als eine Welt gäbe. Aber freilich ist bei ihnen auch das meiste so isoliert und getrennt wie ihre Diese und Jene Welt.

[56] Da die Philosophie jetzt alles, was ihr vorkömmt kritisiert, so wäre eine Kritik der Philosophie nichts als eine gerechte Repressalie.

[57] Mit dem Schriftstellerruhm ist es oft wie mit Frauengunst, und Gelderwerb. Ist nur erst ein guter Grund gelegt, so folgt das übrige von selbst. Viele heißen durch Zufall groß. »Es ist alles Glück nur

Glück;« ist das Resultat mancher literarischen Phänomene nicht minder als der meisten politischen.

[58] An das Herkommen glaubend, und immer um neue Tollheiten bemüht; nachahmungssüchtig und stolz auf Selbständigkeit, unbeholfen in der Oberflächlichkeit, und bis zur Gewandtheit geschickt im tief- oder trübsinnig Schwerfälligen; von Natur platt, aber dem Streben nach transzendent in Empfindungen und Ansichten; in ernsthafter Behaglichkeit gegen Witz und Mutwillen durch einen heiligen Abscheu verschanzt; auf die große Masse welcher Literatur möchten diese Züge etwa passen? [A.W. Schlegel]

[59] Die schlechten Schriftsteller klagen viel über Tyrannei der Rezensenten; ich glaube diese hätten eher die Klage zu führen. Sie sollen schön, geistvoll, vortrefflich finden, was nichts von dem allen ist; und es stößt sich nur an dem kleinen Umstande der Macht, so gingen die Rezensierten eben so mit ihnen um wie Dionysius mit den Tadlern seiner Verse. Ein Kotzebue hat dies ja laut bekannt. Auch ließen sich die neuen Produkte von kleinen Dionysen dieser Art hinreichend mit den Worten anzeigen: Führt mich wieder in die Latomien. [A.W. Schlegel]

[60] Die Untertanen in einigen Ländern rühmen sich einer Menge Freiheiten, die ihnen alle durch die Freiheit entbehrlich werden würden. So legt man wohl nur deswegen einen so großen Nachdruck auf die Schönheiten mancher Gedichte, weil sie keine Schönheit haben. Sie sind im einzelnen kunstvoll, aber im ganzen keine Kunstwerke. [A.W. Schlegel]

[61] Die wenigen Schriften, welche gegen die Kantische Philosophie existieren, sind die wichtigsten Dokumente zur Krankheitsgeschichte des gesunden Menschenverstandes. Diese Epidemie, welche in England entstanden ist, drohte einmal sogar die deutsche Philosophie anstecken zu wollen.

[62] Das Druckenlassen verhält sich zum Denken, wie eine Wochenstube zum ersten Kuß.

[63] Jeder ungebildete Mensch ist die Karikatur von sich selbst.

[64] Moderantismus ist Geist der kastrierten Illiberalität.

[65] Viele Lobredner beweisen die Größe ihres Abgottes antithetisch, durch die Darlegung ihrer eignen Kleinheit.

[66] Wenn der Autor dem Kritiker gar nichts mehr zu antworten weiß, so sagt er ihm gern: Du kannst es doch nicht besser machen. Das ist eben, als wenn ein dogmatischer Philosoph dem Skeptiker vorwerfen wollte, daß er kein System erfinden könne.

[67] Es wäre illiberal, nicht vorauszusetzen, ein jeder Philosoph sei liberal, und folglich rezensibel; ja es nicht zu fingieren, wenn man auch das Gegenteil weiß. Aber anmaßend wäre es, Dichter ebenso zu behandeln; es müßte denn einer durch und durch Poesie und gleichsam ein lebendes und handelndes Kunstwerk sein.

[68] Nur der Kunstliebhaber liebt wirklich die Kunst, der auf einige seiner Wünsche völlig Verzicht tun kann, wo er andre ganz befriedigt findet, der auch das Liebste noch streng würdigen mag, der sich im Notfall Erklärungen gefallen läßt, und Sinn für Kunstgeschichte hat.

[69] Die Pantomimen der Alten haben wir nicht mehr. Dagegen ist aber die ganze Poesie jetzt pantomimisch.

[70] Wo ein öffentlicher Ankläger auftreten soll, muß schon ein öffentlicher Richter vorhanden sein.

[71] Man redet immer von der Störung, welche die Zergliederung des Kunstschönen dem Genuß des Liebhabers verursachen soll. So der rechte Liebhaber läßt sich wohl nicht stören!

[72] Übersichten des Ganzen, wie sie jetzt Mode sind, entstehen, wenn einer alles einzelne übersieht, und dann summiert.

[73] Sollte es mit der Bevölkerung nicht sein wie mit der Wahrheit, wo das Streben, wie man sagt, mehr wert ist als die Resultate?

[74] Nach dem verderbten Sprachgebrauche bedeutet Wahrscheinlich so viel, als Beinah wahr, oder Etwas wahr, oder was noch vielleicht einmal wahr werden kann. Das alles kann das Wort aber schon seiner Bildung nach, gar nicht bezeichnen. Was wahr scheint, braucht darum auch nicht im kleinsten Grade wahr zu sein: aber es muß doch positiv scheinen. Das Wahrscheinliche ist der Gegenstand der Klugheit, des Vermögens unter den möglichen Folgen freier Hand-

lungen die wirklichen zu erraten, und etwas durchaus Subjektives. Was einige Logiker so genannt und zu berechnen versucht haben, ist Möglichkeit.

[75] Die formale Logik und die empirische Psychologie sind philosophische Grotesken. Denn das Interessante einer Arithmetik der vier Spezies oder einer Experimentalphysik des Geistes kann doch nur in dem Kontrast der Form und des Stoffs liegen.

[76] Die intellektuale Anschauung ist der kategorische Imperativ der Theorie.

[77] Ein Dialog ist eine Kette, oder ein Kranz von Fragmenten. Ein Briefwechsel ist ein Dialog in vergrößertem Maßstabe, und Memorabilien sind ein System von Fragmenten. Es gibt noch keins was in Stoff und Form fragmentarisch, zugleich ganz subjektiv und individuell, und ganz objektiv und wie ein notwendiger Teil im System aller Wissenschaften wäre.

[78] Das Nichtverstehen kommt meistens gar nicht vom Mangel an Verstande, sondern vom Mangel an Sinn.

[79] Die Narrheit ist bloß dadurch von der Tollheit verschieden, daß sie willkürlich ist wie die Dummheit. Soll dieser Unterschied nicht gelten, so ists sehr ungerecht einige Narren einzusperren, während man andre ihr Glück machen läßt. Beide sind dann nur dem Grade, nicht der Art nach verschieden.

[80] Der Historiker ist ein rückwärts gekehrter Prophet.

[81] Die meisten Menschen wissen von keiner andern Würde, als von repräsentativer; und doch haben nur so äußerst wenige Sinn für repräsentativen Wert. Was auch für sich gar nichts ist, wird doch Beitrag zur Charakteristik irgendeiner Gattung sein, und in dieser Rücksicht könnte man sagen: Niemand sei uninteressant.

[82] Die Demonstrationen der Philosophie sind eben Demonstrationen im Sinne der militärischen Kunstsprache. Mit den Deduktionen steht es auch nicht besser wie mit den politischen; auch in den Wissenschaften besetzt man erst ein Terrain, und beweist dann hinterdrein sein Recht daran. Auf die Definitionen läßt sich anwenden, was Chamfort von den Freunden sagte, die man so in der Welt

hat. Es gibt drei Arten von Erklärungen in der Wissenschaft: Erklärungen, die uns ein Licht oder einen Wink geben; Erklärungen, die nichts erklären; und Erklärungen, die alles verdunkeln. Die rechten Definitionen lassen sich gar nicht aus dem Stegreife machen, sondern müssen einem von selbst kommen; eine Definition die nicht witzig ist, taugt nichts, und von jedem Individuum gibt es doch unendlich viele reale Definitionen. Die notwendigen Förmlichkeiten der Kunstphilosophie arten aus in Etikette und Luxus. Als Legitimation und Probe der Virtuosität haben sie ihren Zweck und Wert, wie die Bravourarien der Sänger, und das Lateinschreiben der Philologen. Auch machen sie nicht wenig rhetorischen Effekt. Die Hauptsache aber bleibt doch immer, daß man etwas weiß, und daß man es sagt. Es beweisen oder gar erklären wollen, ist in den meisten Fällen herzlich überflüssig. Der kategorische Styl der Gesetze der zwölf Tafeln, und die thetische Methode, wo die reinen Fakta der Reflexion ohne Verhüllung, Verdünnung und künstliche Verstellung wie Texte für das Studium oder die Symphilosophie da stehen, bleibt der gebildeten Naturphilosophie die angemessenste. Soll beides gleich gut gemacht werden, so ist es unstreitig viel schwerer behaupten, als beweisen. Es gibt Demonstrationen die Menge, die der Form nach vortrefflich sind, für schiefe und platte Sätze. Leibniz behauptete, und Wolff bewies. Das ist genug gesagt.

[83] Der Satz des Widerspruchs ist auch nicht einmal das Prinzip der Analyse, nemlich der absoluten, die allein den Namen verdient, der chemischen Dekomposition eines Individuums in seine schlechthin einfachen Elemente.

[84] Subjektiv betrachtet, fängt die Philosophie doch immer in der Mitte an, wie das epische Gedicht.

[85] Grundsätze sind fürs Leben, was im Kabinett geschriebene Instruktionen für den Feldherrn.

[86] Echtes Wohlwollen geht auf Beförderung fremder Freiheit, nicht auf Gewährung tierischer Genüsse.

[87] Das Erste in der Liebe ist der Sinn füreinander, und das Höchste, der Glauben aneinander. Hingebung ist der Ausdruck des Glaubens, und Genuß kann den Sinn beleben und schärfen, wenn auch nicht hervorbringen, wie die gemeine Meinung ist. Darum

kann die Sinnlichkeit schlechte Menschen auf eine kurze Zeit täuschen, als könnten sie sich lieben.

[88] Es gibt Menschen, deren ganze Tätigkeit darin besteht, immer Nein zu sagen. Es wäre nichts Kleines, immer recht Nein sagen zu können, aber wer weiter nichts kann, kann es gewiß nicht recht. Der Geschmack dieser Neganten ist eine tüchtige Schere, um die Extremitäten des Genies zu säubern; ihre Aufklärung eine große Lichtputze für die Flamme des Enthusiasmus; und ihre Vernunft ein gelindes Laxativ gegen unmäßige Lust und Liebe.

[89] Die Kritik ist das einzige Surrogat der von so manchen Philosophen vergeblich gesuchten und gleich unmöglichen moralischen Mathematik und Wissenschaft des Schicklichen.

[90] Der Gegenstand der Historie ist das Wirklichwerden alles dessen, was praktisch notwendig ist.

[91] Die Logik ist weder die Vorrede, noch das Instrument, noch das Formular, noch eine Episode der Philosophie, sondern eine der Poetik und Ethik entgegengesetzte, und koordinierte pragmatische Wissenschaft, welche von der Foderung der positiven Wahrheit, und der Voraussetzung der Möglichkeit eines Systems ausgeht.

[92] Ehe nicht die Philosophen Grammatiker, oder die Grammatiker Philosophen werden, wird die Grammatik nicht, was sie bei den Alten war, eine pragmatische Wissenschaft und ein Teil der Logik, noch überhaupt eine Wissenschaft werden.

[93] Die Lehre vom Geist und Buchstaben ist unter andern auch darum so interessant, weil sie die Philosophie mit der Philologie in Berührung setzen kann.

[94] Immer hat noch jeder große Philosoph seine Vorgänger, oft ohne seine Absicht, so erklärt, daß es schien, als habe man sie vor ihm gar nicht verstanden.

[95] Einiges muß die Philosophie einstweilen auf ewig voraussetzen, und sie darf es, weil sie es muß.

[96] Wer nicht um der Philosophie willen philosophiert, sondern die Philosophie als Mittel braucht, ist ein Sophist.

[97] Als vorübergehender Zustand ist der Skeptizismus logische Insurrektion; als System ist er Anarchie. Skeptische Methode wäre also ungefähr wie insurgente Regierung.

[98] Philosophisch ist alles, was zur Realisierung des logischen Ideals beiträgt, und wissenschaftliche Bildung hat.

[99] Bei den Ausdrücken, Seine Philosophie, Meine Philosophie, erinnert man sich immer an die Worte im »Nathan«: »Wem eignet Gott? Was ist das für ein Gott, der einem Menschen eignet?«

[100] Poetischer Schein ist Spiel der Vorstellungen, und Spiel ist Schein von Handlungen.

[101] Was in der Poesie geschieht, geschieht nie, oder immer. Sonst ist es keine rechte Poesie. Man darf nicht glauben sollen, daß es jetzt wirklich geschehe.

[102] Die Frauen haben durchaus keinen Sinn für die Kunst, wohl aber für die Poesie. Sie haben keine Anlage zur Wissenschaft, wohl aber zur Philosophie. An Spekulation, innerer Anschauung des Unendlichen fehlts ihnen gar nicht; nur an Abstraktion, die sich weit eher lernen läßt.

[103] Daß man eine Philosophie annihiliert, wobei sich der Unvorsichtige leicht gelegentlich selbst mit annihilieren kann, oder daß man ihr zeigt, sie annihiliere sich selbst, kann ihr wenig schaden. Ist sie wirklich Philosophie, so wird sie doch wie ein Phönix aus ihrer eignen Asche immer wieder aufleben.

[104] Nach dem Weltbegriffe ist jeder ein Kantianer, der sich auch für die neueste deutsche philosophische Literatur interessiert. Nach dem Schulbegriffe ist nur der ein Kantianer, der glaubt, Kant sei die Wahrheit, und der, wenn die Königsberger Post einmal verunglückte, leicht einige Wochen ohne Wahrheit sein könnte. Nach dem veralteten Sokratischen Begriffe, da die, welche sich den Geist des großen Meisters selbständig angeeignet, und angebildet hatten, seine Schüler hießen, und als Söhne seines Geistes nach ihm genannt wurden, dürfte es nur wenige Kantianer geben.

[105] Schellings Philosophie, die man kritisierten Mystizismus nennen könnte, endigt, wie der »Prometheus« des Äschylus, mit Erdbeben und Untergang.

[106] Die moralische Würdigung ist der ästhetischen völlig entgegengesetzt. Dort gilt der gute Wille alles, hier gar nichts. Der gute Wille witzig zu sein, zum Beispiel, ist die Tugend eines Pagliaß. Das Wollen beim Witze darf nur darin bestehen, daß man die konventionellen Schranken aufhebt, und den Geist frei läßt. Am witzigsten aber müßte der sein, der es nicht nur ohne es zu wollen, sondern wider seinen Willen wäre, so wie der *bienfaisant bourru* eigentlich der allergutmütigste Charakter ist. [A.W. Schlegel]

[107] Das stillschweigends vorausgesetzte, und wirklich erste Postulat aller Kantianischen Harmonien der Evangelisten, lautet: Kants Philosophie soll mit sich selbst übereinstimmen.

[108] Schön ist, was zugleich reizend und erhaben ist.

[109] Es gibt eine Mikrologie, und einen Glauben an Autorität, die Charakterzüge der Größe sind. Das ist die vollendende Mikrologie des Künstlers, und der historische Glaube an die Autorität der Natur.

[110] Es ist ein erhabener Geschmack, immer die Dinge in der zweiten Potenz vorzuziehn. Z.B. Kopien von Nachahmungen, Beurteilungen von Rezensionen, Zusätze zu Ergänzungen, Kommentare zu Noten. Uns Deutschen ist er vorzüglich eigen, wo es aufs Verlängern ankommt; den Franzosen, wo Kürze und Leerheit dadurch begünstigt wird. Ihr wissenschaftlicher Unterricht pflegt wohl die Abkürzung eines Auszugs zu sein, und das höchste Produkt ihrer poetischen Kunst, ihre Tragödie, ist nur die Formel einer Form. [A.W. Schlegel]

[111] Die Lehren welche ein Roman geben will, müssen solche sein, die sich nur im Ganzen mitteilen, nicht einzeln beweisen, und durch Zergliederung erschöpfen lassen. Sonst wäre die rhetorische Form ungleich vorzüglicher.

[112] Die Philosophen welche nicht gegeneinander sind, verbindet gewöhnlich nur Sympathie, nicht Symphilosophie.

[113] Eine Klassifikation ist eine Definition, die ein System von Definitionen enthält.

[114] Eine Definition der Poesie kann nur bestimmen, was sie sein soll, nicht was sie in der Wirklichkeit war und ist; sonst würde sie am kürzesten so lauten: Poesie ist, was man zu irgendeiner Zeit, an irgendeinem Orte so genannt hat.

[115] Daß es den Adel vaterländischer Festgesänge nicht entweihen kann, wenn sie tüchtig bezahlt werden, beweisen die Griechen und Pindar. Daß aber das Bezahlen nicht allein selig macht, beweisen die Engländer, die wenigstens darin die Alten haben nachahmen wollen. Die Schönheit ist also doch in England nicht käuflich und verkäuflich, wenn auch die Tugend.

[116] Die romantische Poesie ist eine progressive Universalpoesie. Ihre Bestimmung ist nicht bloß, alle getrennte Gattungen der Poesie wieder zu vereinigen, und die Poesie mit der Philosophie und Rhetorik in Berührung zu setzen. Sie will, und soll auch Poesie und Prosa, Genialität und Kritik, Kunstpoesie und Naturpoesie bald mischen, bald verschmelzen, die Poesie lebendig und gesellig, und das Leben und die Gesellschaft poetisch machen, den Witz poetisieren, und die Formen der Kunst mit gediegnem Bildungsstoff jeder Art anfüllen und sättigen, und durch die Schwingungen des Humors beseelen. Sie umfaßt alles, was nur poetisch ist, vom größten wieder mehre Systeme in sich enthaltenden Systeme der Kunst, bis zu dem Seufzer, dem Kuß, den das dichtende Kind aushaucht in kunstlosen Gesang. Sie kann sich so in das Dargestellte verlieren, daß man glauben möchte, poetische Individuen jeder Art zu charakterisieren, sei ihr Eins und Alles; und doch gibt es noch keine Form, die so dazu gemacht wäre, den Geist des Autors vollständig auszudrücken: so daß manche Künstler, die nur auch einen Roman schreiben wollten, von ungefähr sich selbst dargestellt haben. Nur sie kann gleich dem Epos ein Spiegel der ganzen umgebenden Welt, ein Bild des Zeitalters werden. Und doch kann auch sie am meisten zwischen dem Dargestellten und dem Darstellenden, frei von allem realen und idealen Interesse auf den Flügeln der poetischen Reflexion in der Mitte schweben, diese Reflexion immer wieder potenzieren und wie in einer endlosen Reihe von Spiegeln vervielfachen. Sie ist der höchsten und der allseitigsten Bildung fähig; nicht bloß von innen heraus, sondern auch von außen hinein; indem sie jedem, was ein Ganzes in ihren Produkten sein soll, alle Teile ähnlich organisiert,

wodurch ihr die Aussicht auf eine grenzenlos wachsende Klassizität eröffnet wird. Die romantische Poesie ist unter den Künsten was der Witz der Philosophie, und die Gesellschaft, Umgang, Freundschaft und Liebe im Leben ist. Andre Dichtarten sind fertig, und können nun vollständig zergliedert werden. Die romantische Dichtart ist noch im Werden; ja das ist ihr eigentliches Wesen, daß sie ewig nur werden, nie vollendet sein kann. Sie kann durch keine Theorie erschöpft werden, und nur eine divinatorische Kritik dürfte es wagen, ihr Ideal charakterisieren zu wollen. Sie allein ist unendlich, wie sie allein frei ist, und das als ihr erstes Gesetz anerkennt, daß die Willkür des Dichters kein Gesetz über sich leide. Die romantische Dichtart ist die einzige, die mehr als Art, und gleichsam die Dichtkunst selbst ist: denn in einem gewissen Sinn ist oder soll alle Poesie romantisch sein.

[117] Werke, deren Ideal für den Künstler nicht ebensoviel lebendige Realität, und gleichsam Persönlichkeit hat, wie die Geliebte oder der Freund, blieben besser ungeschrieben. Wenigstens Kunstwerke werden es gewiß nicht.

[118] Es ist nicht einmal ein feiner, sondern eigentlich ein recht grober Kitzel des Egoismus, wenn alle Personen in einem Roman sich um Einen bewegen wie Planeten um die Sonne, der dann gewöhnlich des Verfassers unartiges Schoßkind ist, und der Spiegel und Schmeichler des entzückten Lesers wird. Wie ein gebildeter Mensch nicht bloß Zweck sondern auch Mittel ist für sich und für andre, so sollten auch im gebildeten Gedicht alle zugleich Zweck und Mittel sein. Die Verfassung sei republikanisch, wobei immer erlaubt bleibt, daß einige Teile aktiv andre passiv sein.

[119] Auch solche Bilder der Sprache, die bloß Eigensinn scheinen, haben oft tiefe Bedeutung. Was für eine Analogie, könnte man denken, ist wohl zwischen Massen von Gold oder Silber, und Fertigkeiten des Geistes, die so sicher und so vollendet sind, daß sie willkürlich werden, und so zufällig entstanden, daß sie angeboren scheinen können? Und doch fällt es in die Augen, daß man Talente nur hat, besitzt, wie Sachen, die doch ihren soliden Wert behalten, wenn sie gleich den Inhaber selbst nicht adeln können. Genie kann man eigentlich nie haben, nur sein. Auch gibt es keinen Pluralis von Genie, der hier schon im Singularis steckt. Genie ist nemlich ein System von Talenten.

Geniebegriff

[120] Den Witz achten sie darum so wenig, weil seine Äußerungen nicht lang, und nicht breit genug sind, denn ihre Empfindung ist nur eine dunkel vorgestellte Mathematik; und weil sie dabei lachen, welches gegen den Respekt wäre, wenn der Witz wahre Würde hätte. Der Witz ist wie einer, der nach der Regel repräsentieren sollte, und statt dessen bloß handelt.

[121] Eine Idee ist ein bis zur Ironie vollendeter Begriff, eine absolute Synthesis absoluter Antithesen, der stete sich selbst erzeugende Wechsel zwei streitender Gedanken. Ein Ideal ist zugleich Idee und Faktum. Haben die Ideale für den Denker nicht so viel Individualität wie die Götter des Altertums für den Künstler, so ist alle Beschäftigung mit Ideen nichts als ein langweiliges und mühsames Würfelspiel mit hohlen Formeln, oder ein nach Art der chinesischen Bonzen, hinbrütendes Anschauen seiner eignen Nase. Nichts ist kläglicher und verächtlicher als diese sentimentale Spekulation ohne Objekt. Nur sollte man das nicht Mystik nennen, da dies schöne alte Wort für die absolute Philosophie, auf deren Standpunkte der Geist alles als Geheimnis und als Wunder betrachtet, was er aus andern Gesichtspunkten theoretisch und praktisch natürlich findet, so brauchbar und so unentbehrlich ist. Spekulation *en detail* ist so selten als Abstraktion *en gros,* und doch sind sie es, die allen Stoff des wissenschaftlichen Witzes erzeugen, sie die Prinzipien der höhern Kritik, die obersten Stufen der geistigen Bildung. Die große praktische Abstraktion macht die Alten, bei denen sie Instinkt war, eigentlich zu Alten. Umsonst war es, daß die Individuen das Ideal ihrer Gattung vollständig ausdrückten, wenn nicht auch die Gattungen selbst, streng und scharf isoliert, und ihrer Originalität gleichsam frei überlassen waren. Aber sich willkürlich bald in diese bald in jene Sphäre, wie in eine andre Welt, nicht bloß mit dem Verstande und der Einbildung, sondern mit ganzer Seele versetzen; bald auf diesen bald auf jenen Teil seines Wesens frei Verzicht tun, und sich auf einen andern ganz beschränken; jetzt in diesem, jetzt in jenem Individuum sein Eins und Alles suchen und finden, und alle übrigen absichtlich vergessen: das kann nur ein Geist, der gleichsam eine Mehrheit von Geistern, und ein ganzes System von Personen in sich enthält, und in dessen Innerm das Universum, welches, wie man sagt, in jeder Monade keimen soll, ausgewachsen, und reif geworden ist.

[122] Wenn Bürgern ein neues Buch von der Art vorkam, die einen weder kalt noch warm macht, so pflegte er zu sagen: es verdiene in

der Bibliothek der schönen Wissenschaften gepriesen zu werden. [A.W. Schlegel]

[123] Sollte die Poesie nicht unter andern auch deswegen die höchste und würdigste aller Künste sein, weil nur in ihr Dramen möglich sind?

[124] Wenn man einmal aus Psychologie Romane schreibt oder Romane liest, so ist es sehr inkonsequent, und klein, auch die langsamste und ausführlichste Zergliederung unnatürlicher Lüste, gräßlicher Marter, empörender Infamie, ekelhafter sinnlicher oder geistiger Impotenz scheuen zu wollen.

[125] Vielleicht würde eine ganz neue Epoche der Wissenschaften und Künste beginnen, wenn die Symphilosophie und Sympoesie so allgemein und so innig würde, daß es nichts Seltnes mehr wäre, wenn mehre sich gegenseitig ergänzende Naturen gemeinschaftliche Werke bildeten. Oft kann man sich des Gedankens nicht erwehren, zwei Geister möchten eigentlich zusammengehören, wie getrennte Hälften, und nur verbunden alles sein, was sie könnten. Gäbe es eine Kunst, Individuen zu verschmelzen, oder könnte die wünschende Kritik etwas mehr als wünschen, wozu sie überall so viel Veranlassung findet, so möchte ich Jean Paul und Peter Leberecht kombiniert sehen. Grade alles, was jenem fehlt, hat dieser. Jean Pauls groteskes Talent und Peter Leberechts fantastische Bildung vereinigt, würden einen vortrefflichen romantischen Dichter hervorbringen.

[126] Alle nationale und auf den Effekt gemachte Dramen sind romantisierte Mimen.

[127] Klopstock ist ein grammatischer Poet, und ein poetischer Grammatiker. [A.W. Schlegel]

[128] Nichts ist kläglicher, als sich dem Teufel umsonst ergeben; zum Beispiel schlüpfrige Gedichte machen, die nicht einmal vortrefflich sind. [A.W. Schlegel]

[129] Manche Theoristen vergessen bei Fragen, wie die über den Gebrauch des Sylbenmaßes im Drama allzusehr, daß die Poesie überhaupt nur eine schöne Lüge ist, von der es aber dafür auch heißen kann:

Magnanima menzogna, ov' or' è il vero
Si bello, che si possa a te preporre?

[A.W. Schlegel]

[130] Es gibt auch grammatische Mystiker. Moritz war einer. [A.W. Schlegel]

[131] Der Dichter kann wenig vom Philosophen, dieser aber viel von ihm lernen. Es ist sogar zu befürchten, daß die Nachtlampe des Weisen den irre führen möchte, der gewohnt ist im Licht der Offenbarung zu wandeln. [A.W. Schlegel]

[132] Dichter sind doch immer Narzisse. [A.W. Schlegel]

[133] Es ist als wenn die Weiber alles mit eignen Händen machten, und die Männer mit dem Handwerksgerät. [A.W. Schlegel]

[134] Das männliche Geschlecht wird nicht eher durch das weibliche verbessert werden, als bis die Geschlechtsfolge der Nayren nach den Müttern eingeführt sein wird. [A.W. Schlegel]

[135] Zuweilen nimmt man doch einen Zusammenhang zwischen den getrennten, und oft sich widersprechenden Teilen unsrer Bildung gewahr. So scheinen die besseren Menschen in unsern moralischen Dramen aus den Händen der neuesten Pädagogik zu kommen. [A.W. Schlegel]

[136] Es gibt Geister, denen es bei großer Anstrengung und bestimmter Richtung ihrer Kraft an Biegsamkeit fehlt. Sie werden entdecken, aber weniges, und in Gefahr sein diese Lieblingssätze immer zu wiederholen. Man dringt nicht tief, wenn man einen Bohrer mit großer Gewalt gegen ein Brett drückt, ohne ihn umzudrehen. [A.W. Schlegel]

[137] Es gibt eine materiale, enthusiastische Rhetorik die unendlich weit erhaben ist über den sophistischen Mißbrauch der Philosophie, die deklamatorische Stylübung, die angewandte Poesie, die improvisierte Politik, welche man mit demselben Namen zu bezeichnen pflegt. Ihre Bestimmung ist, die Philosophie praktisch zu realisieren, und die praktische Unphilosophie und Antiphilosophie nicht bloß dialektisch zu besiegen, sondern real zu vernichten. Rousseau und

Fichte verbieten auch denen, die nicht glauben, wo sie nicht sehen, dies Ideal für chimärisch zu halten.

[138] Die Tragiker setzen die Szene ihrer Dichtungen fast immer in die Vergangenheit. Warum sollte dies schlechthin notwendig, warum sollte es nicht auch möglich sein, die Szene in die Zukunft zu setzen, wodurch die Fantasie mit einem Streich von allen historischen Rücksichten und Einschränkungen befreit würde? Aber freilich müßte ein Volk, das die beschämenden Gestalten einer würdigen Darstellung der bessern Zukunft ertragen sollte, mehr als eine republikanische Verfassung, es müßte eine liberale Gesinnung haben.

[139] Aus dem romantischen Gesichtspunkt haben auch die Abarten der Poesie, selbst die ekzentrischen und monströsen, ihren Wert, als Materialien und Vorübungen der Universalität, wenn nur irgendetwas drin ist, wenn sie nur original sind.

[140] Die Eigenschaft des dramatischen Dichters scheint es zu sein, sich selbst mit freigebiger Großmut an andere Personen zu verlieren, des lyrischen, mit liebevollem Egoismus alles zu sich herüber zu ziehn. [A.W. Schlegel]

[141] Es heißt, in englischen und deutschen Trauerspielen wären doch so viel Verstöße gegen den Geschmack. Die französischen sind nur ein einziger großer Verstoß. Denn was kann geschmackwidriger sein, als ganz außerhalb der Natur zu schreiben, und vorzustellen? [A.W. Schlegel]

[142] Hemsterhuys vereinigt Platos schöne Seherflüge mit dem strengen Ernst des Systematikers. Jacobi hat nicht dieses harmonische Ebenmaß der Geisteskräfte, aber desto freier wirkende Tiefe und Gewalt; den Instinkt des Göttlichen haben sie miteinander gemein. Hemsterhuys' Werke mögen intellektuelle Gedichte heißen. Jacobi bildete keine untadeligen vollendeten Antiken, er gab Bruchstücke voll Originalität, Adel, und Innigkeit. Vielleicht wirkt Hemsterhuys' Schwärmerei mächtiger, weil sie sich immer in den Grenzen des Schönen ergießt; hingegen setzt sich die Vernunft sogleich in wehrbaren Stand, wenn sie die Leidenschaftlichkeit des gegen sie eindringenden Gefühls gewahr wird. [A.W. Schlegel]

[143] Man kann niemand zwingen, die Alten für klassisch zu halten, oder für alt; das hängt zuletzt von Maximen ab.

[144] Das goldne Zeitalter der römischen Literatur war genialischer und der Poesie günstiger; das sogenannte silberne in der Prosa ungleich korrekter.

[145] Als Dichter betrachtet, ist Homer sehr sittlich, weil er so natürlich, und doch so poetisch ist. Als Sittenlehrer aber, wie ihn die Alten trotz den Protestationen der älteren und bessern Philosophen häufig betrachteten, ist er eben darum sehr unsittlich.

[146] Wie der Roman die ganze moderne Poesie, so tingiert auch die Satire, die durch alle Umgestaltungen, bei den Römern doch immer eine klassische Universalpoesie, eine Gesellschaftspoesie aus und für den Mittelpunkt des gebildeten Weltalls blieb, die ganze römische Poesie, ja die gesamte römische Literatur, und gibt darin gleichsam den Ton an. Um Sinn zu haben für das, was in der Prosa eines Cicero, Caesar, Suetonius das Urbanste, das Originalste und das Schönste ist, muß man die Horazischen Satiren schon lange geliebt und verstanden haben. Das sind die ewigen Urquellen der Urbanität.

[147] Klassisch zu leben, und das Altertum praktisch in sich zu realisieren, ist der Gipfel und das Ziel der Philologie. Sollte dies ohne allen Zynismus möglich sein?

[148] Die größte aller Antithesen, die es je gegeben hat, ist Caesar und Cato. Sallust hat sie nicht unwürdig dargestellt.

[149] Der systematische Winckelmann, der alle Alten gleichsam wie Einen Autor las, alles im ganzen sah, und seine gesamte Kraft auf die Griechen konzentrierte, legte durch die Wahrnehmung der absoluten Verschiedenheit des Antiken und des Modernen, den ersten Grund zu einer materialen Altertumslehre. Erst wenn der Standpunkt und die Bedingungen der absoluten Identität des Antiken und Modernen, die war, ist oder sein wird, gefunden ist, darf man sagen, daß wenigstens der Kontur der Wissenschaft fertig sei, und nun an die methodische Ausführung gedacht werden könne.

[150] Der »Agrikola« des Tacitus ist eine klassisch prächtige, historische Kanonisation eines konsularischen Ökonomen. Nach der Denkart die darin herrscht, ist die höchste Bestimmung des Menschen, mit Erlaubnis des Imperators zu triumphieren.

[151] Jeder hat noch in den Alten gefunden, was er brauchte, oder wünschte; vorzüglich sich selbst.

[152] Cicero war ein großer Virtuose der Urbanität, der ein Redner, ja sogar ein Philosoph sein wollte, und ein sehr genialischer Antiquar, Literator, und Polyhistor altrömischer Tugend und altrömischer Festivität hätte werden können.

[153] Je populärer ein alter Autor ist, je romantischer ist er. Dies ist das Prinzip der neuen Auswahl, welche die Modernen aus der alten Auswahl der Klassiker durch die Tat gemacht haben, oder vielmehr immer noch machen.

[154] Wer frisch vom Aristophanes, dem Olymp der Komödie, kommt, dem erscheint die romantische Persiflage wie eine lang ausgesponnene Faser aus einem Gewebe der Athene, wie eine Flocke himmlischen Feuers, von der das Beste im Herabfallen auf die Erde verflog.

[155] Die rohen kosmopolitischen Versuche der Karthager und andrer Völker des Altertums erscheinen gegen die politische Universalität der Römer, wie die Naturpoesie ungebildeter Nationen gegen die klassische Kunst der Griechen. Nur die Römer waren zufrieden mit dem Geist des Despotismus, und verachteten den Buchstaben; nur sie haben naive Tyrannen gehabt.

[156] Der komische Witz ist eine Mischung des epischen und des jambischen. Aristophanes ist zugleich Homer und Archilochus.

[157] Ovid hat viel Ähnlichkeit mit dem Euripides. Dieselbe rührende Kraft, derselbe rhetorische Glanz und oft unzeitige Scharfsinn, dieselbe tändelnde Fülle, Eitelkeit und Dünnheit.

[158] Das Beste im Martial ist das, was Catullisch scheinen könnte.

[159] In manchem Gedicht der spätern Alten, wie zum Beispiel in der »Mosella« des Ausonius, ist schon nichts mehr antik, als das Antiquarische.

[160] Weder die attische Bildung des Xenophon, noch sein Streben nach dorischer Harmonie, noch seine sokratische Anmut, durch die er liebenswürdig scheinen kann, diese hinreißende Einfalt, Klarheit

und eigne Süßigkeit des Styls, kann dem unbefangnen Gemüt die Gemeinheit verbergen, die der innerste Geist seines Lebens, und seiner Werke ist. Die »Memorabilien« beweisen, wie unfähig er war, die Größe seines Meisters zu begreifen, und die »Anabase«, das interessanteste und schönste seiner Werke, wie klein er selbst war.

[161] Sollte die zyklische Natur des höchsten Wesens bei Plato und Aristoteles nicht die Personifikation einer philosophischen Manier sein?

[162] Hat man nicht bei Untersuchung der ältesten griechischen Mythologie viel zu wenig Rücksicht auf den Instinkt des menschlichen Geistes zu parallelisieren und zu antithesieren genommen? Die Homerische Götterwelt ist eine einfache Variation der Homerischen Menschenwelt; die Hesiodische, welcher der heroische Gegensatz fehlt, spaltet sich in mehre entgegengesetzte Göttergeschlechter. In der alten Aristotelischen Bemerkung, daß man die Menschen aus ihren Göttern kennenlerne, liegt nicht bloß die von selbst einleuchtende Subjektivität aller Theologie, sondern auch die unbegreiflichere angeborne geistige Duplizität des Menschen.

[163] Die Geschichte der ersten römischen Caesaren ist wie die Symphonie und das Thema der Geschichte aller nachfolgenden.

[164] Die Fehler der griechischen Sophisten waren mehr Fehler aus Überfluß als aus Mangel. Selbst in der Zuversicht und Arroganz, mit der sie alles zu wissen, ja auch wohl zu können glaubten und vorgaben, liegt etwas sehr Philosophisches, nicht der Absicht, aber dem Instinkt nach: denn der Philosoph hat doch nur die Alternative, alles oder nichts wissen zu wollen. Das, woraus man nur etwas, oder allerlei lernen soll, ist sicher keine Philosophie.

[165] Im Plato finden sich alle reinen Arten der griechischen Prosa in klassischer Individualität unvermischt, und oft schneidend nebeneinander: die logische, die physische, die mimische, die panegyrische, und die mythische. Die mimische ist die Grundlage und das allgemeine Element: die andern kommen oft nur episodisch vor. Dann hat er noch eine ihm besonders eigne Art, worin er am meisten Plato ist, die dithyrambische. Man könnte sie eine Mischung der mythischen, und panegyrischen nennen, wenn sie nicht auch etwas von dem gedrängten und einfach Würdigen der physischen hätte.

[166] Nationen und Zeitalter zu charakterisieren, das Große groß zu zeichnen, das ist das eigentliche Talent des poetischen Tacitus. In historischen Porträten ist der kritische Suetonius der größere Meister.

[167] Fast alle Kunsturteile sind zu allgemein oder zu speziell. Hier in ihren eignen Produkten sollten die Kritiker die schöne Mitte suchen, und nicht in den Werken der Dichter.

[168] Cicero würdigt die Philosophien nach ihrer Tauglichkeit für den Redner: ebenso läßt sich fragen, welche die angemessenste für den Dichter sei. Gewiß kein System, das mit den Aussprüchen des Gefühls und Gemeinsinnes im Widerspruch steht; oder das Wirkliche in Schein verwandelt; oder sich aller Entscheidung enthält; oder den Schwung zum Übersinnlichen hemmt; oder die Menschheit von den äußern Gegenständen erst zusammenbettelt. Also weder der Eudämonismus, noch der Fatalismus, noch der Idealismus, noch der Skeptizismus, noch der Materialismus, noch der Empirismus. Und welche Philosophie bleibt dem Dichter übrig? Die schaffende, die von der Freiheit, und dem Glauben an sie ausgeht, und dann zeigt wie der menschliche Geist sein Gesetz allem aufprägt, und wie die Welt sein Kunstwerk ist.

[169] Das Demostrieren *a priori* führt doch eine selige Beruhigung bei sich, während die Beobachtung immer etwas Halbes und Unvollendetes bleibt. Aristoteles machte durch den bloßen Begriff die Welt kugelrund: nicht das kleinste Eckchen heraus, oder hineinwärts ließ er ihr. Er zog deswegen auch die Kometen in die Atmosphäre der Erde, und fertigte die wahren Sonnensysteme der Pythagoräer kurz ab. Wie lange werden unsre Astronomen, die durch Herschelsche Teleskope sehen, zu tun haben, ehe sie wieder zu einer so bestimmten klaren und kugelrunden Einsicht über die Welt gelangen? [A.W. Schlegel]

[170] Warum schreiben die deutschen Frauen nicht häufiger Romane? Was soll man daraus auf ihre Geschicklichkeit Romane zu spielen für einen Schluß ziehen? Hängen diese beiden Künste untereinander zusammen, oder steht diese mit jener in umgekehrtem Verhältnisse? Das letzte sollte man beinah aus dem Umstande vermuten, daß so viele Romane von englischen, so wenige von französischen Frauen herrühren. Oder sind die geistreichen und reizenden Französinnen in dem Fall affairierter Staatsmänner, die nicht anders

dazu kommen ihre Memoiren zu schreiben, als wenn sie etwa des Dienstes entlassen werden? Und wann glaubt wohl solch ein weiblicher Geschäftsmann seinen Abschied zu haben? Bei der steifen Etikette der weiblichen Tugend in England, und dem zurückgezogenen Leben, wozu die Ungeschliffenheit des männlichen Umgangs die Frauen dort oft nötigt, scheint die häufige Romanenautorschaft der Engländerinnen auf das Bedürfnis freierer Verhältnisse zu deuten. Man sonnt sich wenigstens im Mondschein, wenn man durch das Spazierengehn am Tage seine Haut zu schwärzen fürchtet. [A.W. Schlegel]

[171] Ein französischer Beurteiler hat in Hemsterhuys Schriften *le flegme allemand* gefunden; ein andrer nach einer französischen Übersetzung von Müllers »Geschichte der Schweiz« gemeint, das Buch enthalte gute Materialien für einen künftigen Geschichtschreiber. Solche überschwengliche Dummheiten sollten in den Jahrbüchern des menschlichen Geistes aufbewahrt werden, man kann sie mit allem Verstande nicht so erfinden. Sie haben auch die Ähnlichkeit mit genialischen Einfällen, daß jedes als Kommentar hinzugefügte Wort ihnen das Pikante nehmen würde. [A.W. Schlegel]

[172] Man kann sagen, daß es ein charakteristisches Kennzeichen des dichtenden Genies ist, viel mehr zu wissen, als es weiß, daß es weiß. [A.W. Schlegel]

[173] Im Styl des echten Dichters ist nichts Schmuck, alles notwendige Hieroglyphe. [A.W. Schlegel]

[174] Die Poesie ist Musik für das innere Ohr, und Malerei für das innere Auge; aber gedämpfte Musik, aber verschwebende Malerei. [A.W. Schlegel]

[175] Mancher betrachtet Gemälde am liebsten mit verschloßnen Augen, damit die Fantasie nicht gestört werde. [A.W. Schlegel]

[176] Von vielen Plafonds kann man recht eigentlich sagen, daß der Himmel voll Geigen hängt. [A.W. Schlegel]

[177] Für die so oft verfehlte Kunst, Gemälde mit Worten zu malen, läßt sich im allgemeinen wohl keine andre Vorschrift erteilen, als mit der Manier, den Gegenständen gemäß, aufs mannichfaltigste zu wechseln. Manchmal kann der dargestellte Moment aus einer Erzäh-

lung lebendig hervorgehn. Zuweilen ist eine fast mathematische Genauigkeit in lokalen Angaben nötig. Meistens muß der Ton der Beschreibung das Beste tun, um den Leser über das Wie zu verständigen. Hierin ist Diderot Meister. Er musiziert viele Gemälde wie der Abt Vogler. [A.W. Schlegel]

[178] Darf irgend etwas von deutscher Malerei im Vorhofe zu Raffaels Tempel aufgestellt werden, so kommen Albrecht Dürer und Holbein gewiß näher am Heiligtume zu stehn, als der gelehrte Mengs. [A.W. Schlegel]

[179] Tadelt den beschränkten Kunstgeschmack der Holländer nicht. Fürs erste wissen sie ganz bestimmt was sie wollen. Fürs zweite haben sie sich ihre Gattungen selbst erschaffen. Läßt sich eins von beiden von der englischen Kunstliebhaberei rühmen? [A.W. Schlegel]

[180] Die bildende Kunst der Griechen ist sehr schamhaft, wo es auf die Reinheit des Edlen ankommt; sie deutet zum Beispiel an nackten Figuren der Götter und Helden das irdische Bedürfnis auf das bescheidenste an. Freilich weiß sie nichts von einer gewissen halben Delikatesse, und zeigt daher die viehischen Lüste der Satyrn ohne alle Verhüllung. Jedes Ding muß in seiner Art bleiben. Diese unbezähmbaren Naturen waren schon durch ihre Gestalt aus der Menschheit hinausgestoßen. Ebenso war es vielleicht nicht bloß ein sinnliches, sondern ein sittliches Raffinement, das die Hermaphroditen erschuf. Da die Wollust einmal auf diesen Abweg geraten war, so dichtete man eigne ursprünglich dazu bestimmte Geschöpfe. [A.W. Schlegel]

[181] Rubens' Anordnung ist oft dithyrambisch, während die Gestalten träge und auseinander geschwommen bleiben. Das Feuer seines Geistes kämpft mit der klimatischen Schwerfälligkeit. Wenn in seinen Gemälden mehr innre Harmonie sein sollte, mußte er weniger Schwungkraft haben, oder kein Flamänder sein. [A.W. Schlegel]

[182] Sich eine Gemäldeausstellung von einem Diderot beschreiben lassen, ist ein wahrhaft kaiserlicher Luxus. [A.W. Schlegel]

[183] Hogarth hat die Häßlichkeit gemalt, und über die Schönheit geschrieben. [A.W. Schlegel]

[184] Peter Laars Bambocciaten sind niederländische Kolonisten in Italien. Das heißere Klima scheint ihr Kolorit gebräunt, Charakter und Ausdruck aber durch rüstigere Kraft veredelt zu haben. [A.W. Schlegel]

[185] Der Gegenstand kann die Dimensionen vergessen machen: man fand es nicht unschicklich, daß der Olympische Jupiter nicht aufstehen durfte, weil er das Dach eingestoßen hätte, und Herkules auf einem geschnittnen Steine erscheint noch übermenschlich groß. Über den Gegenstand können nur verkleinernde Dimensionen täuschen. Das Gemeine wird durch eine kolossale Ausführung gleichsam multipliziert. [A.W. Schlegel]

[186] Wir lachen mit Recht über die Chinesen, die beim Anblick europäischer Porträte mit Licht und Schatten, fragten, ob die Personen denn wirklich so fleckig wären? Aber würden wir es wagen, über einen alten Griechen zu lächeln, dem man ein Stück mit Rembrandtschen Helldunkel gezeigt, und der in seiner Unschuld gemeint hätte: so malte man wohl im Lande der Cimmerier? [A.W. Schlegel]

[187] Kein kräftigeres Mittel gegen niedrige Wollust als Anbetung der Schönheit Alle höhere bildende Kunst ist daher keusch, ohne Rücksicht auf die Gegenstände; sie reinigt die Sinne, wie die Tragödie nach Aristoteles die Leidenschaften. Ihre zufälligen Wirkungen kommen hiebei nicht in Betracht, denn in schmutzigen Seelen kann selbst eine Vestalin Begierden erregen. [A.W. Schlegel]

[188] Gewisse Dinge bleiben unübertroffen, weil die Bedingungen, unter denen sie erreicht werden, zu herabwürdigend sind. Wenn nicht etwa einmal ein versoffner Gastwirt wie Jan Steen ein Künstler wird, einem Künstler kann man nicht zumuten ein versoffner Gastwirt zu werden. [A.W. Schlegel]

[189] Das wenige, was in Diderots »Essai sur la peinture« nicht taugt, ist das Sentimentale. Er hat aber den Leser, den es irre führen könnte, durch seine unvergleichliche Frechheit selbst zurecht gewiesen. [A.W. Schlegel]

[190] Die einförmigste und flachste Natur erzieht am besten zum Landschaftsmaler. Man denke an den Reichtum der holländischen Kunst in diesem Fache. Armut macht haushälterisch: es bildet sich

ein genügsamer Sinn, den selbst der leiseste Wink höheres Lebens in der Natur erfreut. Wenn der Künstler dann auf Reisen romantische Szenen kennen lernt, so wirken sie desto mächtiger auf ihn. Auch die Einbildungskraft hat ihre Antithesen: der größte Maler schauerlicher Wüsteneien, Salvator Rosa, war zu Neapel geboren. [A.W. Schlegel]

[191] Die Alten, scheint es, liebten auch in der Miniatur das Unvergängliche: die Steinschneidekunst ist die Miniatur der Bildnerei. [A.W. Schlegel]

[192] Die alte Kunst selbst will nicht ganz wiederkommen, so rastlos auch die Wissenschaft alle angehäuften Schätze der Natur bearbeitet. Zwar scheint es oft: aber es fehlt immer noch etwas, nämlich grade das, was nur aus dem Leben kommt und was kein Modell geben kann. Die Schicksale der alten Kunst indessen kommen mit buchstäblicher Genauigkeit wieder. Es ist als sei der Geist des Mummius, der seine Kennerschaft an den korinthischen Kunstschätzen so gewaltig übte, jetzt von den Toten auferstanden. [A.W. Schlegel]

[193] Wenn man sich nicht durch Künstlernamen und gelehrte Anspielungen blenden läßt, so findet man bei alten und neuen Dichtern den Sinn für bildende Kunst seltner als man erwarten sollte. Pindar kann vor allen der plastische unter den Dichtern heißen, und der zarte Styl der alten Vasengemälde erinnert an seine dorische Weichheit und süße Pracht. Propertius, der in acht Zeilen ebensoviel Künstler charakterisieren konnte, ist eine Ausnahme unter den Römern. Dante zeigt durch seine Behandlung des Sichtbaren große Maleranlagen, doch hat er mehr Bestimmtheit der Zeichnung als Perspektive. Es fehlte ihm an Gegenständen, diesen Sinn zu üben: denn die neuere Kunst war damals in ihrer Kindheit, die alte lag noch im Grabe. Aber was brauchte der von Malern zu lernen, von dem Michelangelo lernen konnte? Im Ariost trifft man auf starke Spuren, daß er im blühendsten Zeitalter der Malerei lebte, sein Geschmack daran hat ihn bei Schilderung der Schönheit manchmal über die Grenzen der Poesie fortgerissen. Bei Goethen ist dies nie der Fall. Er macht die bildenden Künste manchmal zum Gegenstande seiner Dichtungen, außerdem ist ihre Erwähnung darin niemals angebracht, oder herbeigezogen. Die Fülle des ruhigen Besitzes drängt sich nicht an den Tag, sie verheimlicht sich auch nicht. Alle solche Stellen hinweggenommen, würde doch die Kunstliebe und Einsicht des Dichters, in der Gruppierung seiner

Figuren, in der einfachen Großheit seiner Umrisse unverkennbar sein. [A.W. Schlegel]

[194] Als ein Merkmal der Echtheit antiker Münzen kennt man in der Numismatik den sogenannten edlen Rost. Die verfälschende Kunst hat alles besser nachahmen gelernt, als dies Gepräge der Zeiten. Solch einen edlen Rost gibt es auch an Menschen, Helden, Weisen, Dichtern. Johannes Müller ist ein vortrefflicher Numismatiker des Menschengeschlechts. [A.W. Schlegel]

[195] Hat Condorcet sich nicht ein schöneres Denkmal gesetzt, da er, von Todesgefahren umringt, sein Buch von den *progrès de l'esprit humain* schrieb, als wenn er die kurze Frist dazu angewandt hätte, sein endliches Individuum statt jener unendlichen Aussichten hinzustellen? Wie konnte er besser an die Nachwelt appellieren, als durch das Vergessen seiner selbst im Umgange mit ihr? [A.W. Schlegel]

[196] Reine Autobiographien werden geschrieben: entweder von Nervenkranken, die immer an ihr Ich gebannt sind, wohin Rousseau mit gehört; oder von einer derben künstlerischen oder abenteuerlichen Eigenliebe, wie die des Benvenuto Cellini; oder von gebornen Geschichtsschreibern, die sich selbst nur ein Stoff historischer Kunst sind; oder von Frauen, die auch mit der Nachwelt kokettieren; oder von sorglichen Gemütern, die vor ihrem Tode noch das kleinste Stäubchen in Ordnung bringen möchten, und sich selbst nicht ohne Erläuterungen aus der Welt gehen lassen können; oder sie sind ohne weiteres bloß als *plaidoyers* vor dem Publikum zu betrachten. Eine große Klasse unter den Autobiographen machen die Autopseusten aus.

[197] Schwerlich hat irgendeine andre Literatur so viele Ausgeburten der Originalitätssucht aufzuweisen als unsre. Es zeigt sich auch hierin daß wir Hyperboreer sind. Bei den Hyperboreern wurden nämlich dem Apollo Esel geopfert, an deren wunderlichen Sprüngen er sich ergötzte. [A.W. Schlegel]

[198] Ehedem wurde unter uns die Natur, jetzt wird das Ideal ausschließend gepredigt. Man vergißt zu oft, daß diese Dinge innig vereinbar sind, daß in der schönen Darstellung die Natur idealisch und das Ideal natürlich sein soll. [A.W. Schlegel]

[199] Die Meinung von der Erhabenheit des englischen Nationalcharakters ist unstreitig zuerst durch die Gastwirte veranlaßt; aber Romane und Schauspiele haben sie begünstigt, und dadurch einen nicht zu verwerfenden Beitrag zu der Lehre von der erhabenen Lächerlichkeit geliefert. [A.W. Schlegel]

[200] »Ich will einem Narren niemals trauen« sagt ein sehr gescheiter Narr beim Shakespeare, »bis ich sein Gehirn sehe.« Man möchte diese Bedingung des Zutrauens gewissen angeblichen Philosophen zumuten; was gilts, man fände *papier maché* aus Kantischen Schriften verfertigt. [A.W. Schlegel]

[201] Diderot ist im »Fatalisten«, in den »Versuchen über die Malerei«, und überall wo er recht Diderot ist, bis zur Unverschämtheit wahr. Er hat die Natur nicht selten im reizenden Nachtkleide überrascht, er hat sie mitunter auch ihre Notdurft verrichten sehen. [A.W. Schlegel]

[202] Seit die Notwendigkeit des Ideals in der Kunst so dringend eingeschärft worden ist, sieht man die Lehrlinge treuherzig hinter diesem Vogel herlaufen, um ihm, so bald sie etwa nahe genug wären, das Salz der Ästhetik auf den Schwanz zu streuen. [A.W. Schlegel]

[203] Moritz liebte den griechischen Gebrauch der geschlechtlosen Adjektive für Abstrakte, und suchte etwas Geheimnisvolles darin. Man könnte in seiner Sprache von der »Mythologie« und »Anthusa« sagen, daß das Menschliche dem Heiligen sich hier überall zu nähern und das Denkende im Sinnbildlichen sich wieder zu erkennen sucht, aber sich manchmal selbst nicht versteht. [A.W. Schlegel]

[204] Mag es noch so gut sein, was jemand vom Katheder herab sagt: die beste Freude ist weg, weil man ihm nicht drein reden darf. Ebenso mit dem lehrhaften Schriftsteller. [A.W. Schlegel]

[205] Sie pflegen sich selbst die Kritik zu nennen. Sie schreiben kalt, flach, vornehmtuend und über alle Maßen wässericht. Natur, Gefühl, Adel und Größe des Geistes sind für sie gar nicht vorhanden, und doch tun sie, als könnten sie diese Dinge vor ihr Richterstühlchen laden. Nachahmungen der ehemaligen französischen Schönenweltsversemacherei, sind das äußerste Ziel ihrer lauwarmen Bewunderung. Korrektheit gilt ihnen für Tugend. Geschmack ist ihr Idol; ein Götze dem man nur ohne Freude dienen darf. – Wer erkennt nicht in

diesem Porträt die Priester im Tempel der schönen Wissenschaften, welche von dem Geschlecht sind wie die Priester der Cybele? [A.W. Schlegel]

[206] Ein Fragment muß gleich einem kleinen Kunstwerke von der umgebenden Welt ganz abgesondert und in sich selbst vollendet sein wie ein Igel.

[207] Die Freigeisterei geht immer in dieser Stufenleiter fort: zuerst wird der Teufel angegriffen, dann der heilige Geist, demnächst der Herr Christus, und zuletzt Gott der Vater. [A.W. Schlegel]

[208] Es gibt Tage wo man sehr glücklich gestimmt ist, und leicht neue Entwürfe machen, sie aber eben so wenig mitteilen, als wirklich etwas hervorbringen kann. Nicht Gedanken sind es; nur Seelen von Gedanken. [A.W. Schlegel]

[209] Sollte sich eine durch Konvenienzen gefesselte Sprache, wie etwa die französische, nicht durch einen Machtanspruch des allgemeinen Willens republikanisieren können? Die Herrschaft der Sprache über die Geister ist offenbar: aber ihre heilige Unverletzlichkeit folgt daraus ebenso wenig, als man im Naturrecht den ehemals behaupteten göttlichen Ursprung aller Staatsgewalt gelten lassen kann. [A.W. Schlegel]

[210] Man erzählt, Klopstock habe den französischen Dichter Rouget de Lisle, der ihn besuchte, mit der Anrede begrüßt: wie er es wage in Deutschland zu erscheinen, da sein Marseiller Marsch funfzigtausend braven Deutschen das Leben gekostet? Dieser Vorwurf war unverdient. Schlug Simson die Philister nicht mit einem Eselskinnbacken? Hat aber der Marseiller Marsch wirklich Anteil an den Siegen Frankreichs, so hat wenigstens Rouget de Lisle die mörderische Gewalt seiner Poesie in diesem einen Stücke erschöpft: mit allen seinen übrigen zusammengenommen, würde man keine Fliege tot schlagen. [A.W. Schlegel]

[211] Die Menge nicht zu achten, ist sittlich; sie zu ehren, ist rechtlich.

[212] Wert ist vielleicht kein Volk der Freiheit, aber das gehört vor das *forum Dei*.

[213] Nur derjenige Staat verdient Aristokratie genannt zu werden, in welchem wenigstens die kleinere Masse, welche die größere despotisiert, eine republikanische Verfassung hat.

[214] Die vollkommne Republik müßte nicht bloß demokratisch, sondern zugleich auch aristokratisch und monarchisch sein; innerhalb der Gesetzgebung der Freiheit und Gleichheit müßte das Gebildete das Ungebildete überwiegen und leiten, und alles sich zu einem absoluten Ganzen organisieren.

[215] Kann eine Gesetzgebung wohl sittlich heißen, welche die Angriffe auf die Ehre der Bürger weniger hart bestraft, als die auf ihr Leben?

[216] Die Französische Revolution, Fichtes Wissenschaftslehre, und Goethes Meister sind die größten Tendenzen des Zeitalters. Wer an dieser Zusammenstellung Anstoß nimmt, wem keine Revolution wichtig scheinen kann, die nicht laut und materiell ist, der hat sich noch nicht auf den hohen weiten Standpunkt der Geschichte der Menschheit erhoben. Selbst in unsern dürftigen Kulturgeschichten, die meistens einer mit fortlaufendem Kommentar begleiteten Variantensammlung, wozu der klassische Text verloren ging, gleichen, spielt manches kleine Buch, von dem die lärmende Menge zu seiner Zeit nicht viel Notiz nahm, eine größere Rolle, als alles, was diese trieb.

[217] Altertümlichkeit der Worte, und Neuheit der Wortstellungen, gedrungne Kürze und nebenausbildende Fülle, die auch die unerklärlichern Züge der charakterisierten Individuen wiedergibt; das sind die wesentlichen Eigenschaften des historischen Styls. Die wesentlichste von allen ist Adel, Pracht, Würde. Vornehm wird der historische Styl durch die Gleichartigkeit und Reinheit einheimischer Worte von echtem Stamm, und durch Auswahl der bedeutendsten, gewichtigsten und kostbarsten; durch groß gezeichneten, und deutlich, lieber zu hart als unklar, artikulierten Periodenbau, wie der des Thucydides; durch nackte Gediegenheit, erhabene Eil und großartige Fröhlichkeit der Stimmung und Farbe, nach Art des Caesar; besonders aber durch jene innige und hohe Bildung eines Tacitus, welche die trocknen Fakta der reinen Empirie so poetisieren, urbanisieren und zur Philosophie erheben, läutern und generalisieren muß, als sei sie von einem der zugleich ein vollendeter Denker, Künstler, und Held wäre, aufgefaßt, und vielfach durchgearbeitet, ohne daß

doch irgendwo rohe Poesie, reine Philosophie oder isolierter Witz die Harmonie störte. Das alles muß in der Historie verschmolzen sein, wie auch die Bilder und Antithesen nur angedeutet oder wieder aufgelöst sein müssen, damit der schwebende und fließende Ausdruck dem lebendigen Werden der beweglichen Gestalten entspreche.

[218] Man wundert sich immer mißtrauisch, wenn man zu wissen scheint: das und das wird so sein. Und doch ist es grade ebenso wunderbar, daß wir wissen können: das und das ist so; was niemanden auffällt, weil es immer geschieht.

[219] Im Gibbon hat sich die gemeine Bigotterie der engländischen Pedanten für die Alten auf klassischem Boden bis zu sentimentalen Epigrammen über die Ruinen der versunknen Herrlichkeit veredelt, doch konnte sie ihre Natur nicht ganz ablegen. Er zeigt verschiedentlich für die Griechen gar keinen Sinn gehabt zu haben. Und an den Römern liebt er doch eigentlich nur die materielle Pracht, vorzüglich aber, nach Art seiner zwischen Merkantilität und Mathematik geteilten Nation, die quantitative Erhabenheit. Die Türken sollte man denken, hätten es ihm eben auch getan.

[220] Ist aller Witz Prinzip und Organ der Universalphilosophie, und alle Philosophie nichts andres als der Geist der Universalität, die Wissenschaft aller sich ewig mischenden und wieder trennenden Wissenschaften, eine logische Chemie: so ist der Wert und die Würde jenes absoluten, enthusiastischen, durch und durch materialen Witzes, worin Baco und Leibniz, die Häupter der scholastischen Prosa, jener einer der ersten, dieser einer der größten Virtuosen war, unendlich. Die wichtigsten wissenschaftlichen Entdeckungen sind *bonmots* der Gattung. Das sind sie durch die überraschende Zufälligkeit ihrer Entstehung, durch das Kombinatorische des Gedankens, und durch das Barocke des hingeworfenen Ausdrucks. Doch sind sie dem Gehalt nach freilich weit mehr als die sich in Nichts auflösende Erwartung des rein poetischen Witzes. Die besten sind *echappées de vue* ins Unendliche. Leibnizens gesamte Philosophie besteht aus wenigen in diesem Sinne witzigen Fragmenten und Projekten. Kant der Kopernikus der Philosophie hat von Natur vielleicht noch mehr synkretistischen Geist und kritischen Witz als Leibniz: aber seine Situation und seine Bildung ist nicht so witzig; auch geht es seinen Einfällen wie beliebten Melodien: die Kantianer haben sie tot gesungen; daher kann man ihm leicht Unrecht tun, und ihn für weniger witzig halten, als er ist. Freilich ist die Philoso-

phie erst dann in einer guten Verfassung, wenn sie nicht mehr auf genialische Einfälle zu warten, und zu rechnen braucht, und zwar nur durch enthusiastische Kraft, und mit genialischer Kunst aber doch in sicherer Methode stetig fortschreiten kann. Aber sollen wir die einzigen noch vorhandenen Produkte des synthesierenden Genies darum nicht achten, weil es noch keine kombinatorische Kunst und Wissenschaft gibt? Und wie kann es diese geben, so lange wir die meisten Wissenschaften nur noch buchstabieren wie Quintaner, und uns einbilden, wir wären am Ziel, wenn wir in einem der vielen Dialekte der Philosophie deklinieren und konjugieren können, und noch nichts von Syntax ahnden, noch nicht den kleinsten Perioden konstruieren können?

[221] A. Sie behaupten immer Sie wären ein Christ. Was verstehn Sie unter Christentum? – B. Was die Christen als Christen seit achtzehn Jahrhunderten machen, oder machen wollen. Der Christianismus scheint mir ein Faktum zu sein. Aber ein erst angefangnes Faktum, das also nicht in einem System historisch dargestellt, sondern nur durch divinatorische Kritik charakterisiert werden kann.

[222] Der revolutionäre Wunsch, das Reich Gottes zu realisieren, ist der elastische Punkt der progressiven Bildung, und der Anfang der modernen Geschichte. Was in gar keiner Beziehung aufs Reich Gottes steht ist in ihr nur Nebensache.

[223] Die sogenannte Staatenhistorie, welche nichts ist als eine genetische Definition vom Phänomen des gegenwärtigen politischen Zustandes einer Nation, kann nicht für eine reine Kunst oder Wissenschaft gelten. Sie ist ein wissenschaftliches Gewerbe, das durch Freimütigkeit und Opposition gegen Faustrecht und Mode geadelt werden kann. Auch die Universalhistorie wird sophistisch, sobald sie dem Geiste der allgemeinen Bildung der ganzen Menschheit irgendetwas vorzieht, wäre auch eine moralische Idee das heteronomische Prinzip, sobald sie für eine Seite des historischen Universums Partei nimmt; und nichts stört mehr in einer historischen Darstellung als rhetorische Seitenblicke und Nutzanwendungen.

[224] Johannes Müller tut in seiner Geschichte oft Blicke aus der Schweiz in die Weltgeschichte; seltner aber betrachtet er die Schweiz mit dem Auge eines Weltbürgers. [A.W. Schlegel]

[225] Strebt eine Biographie zu generalisieren, so ist sie ein historisches Fragment. Konzentriert sie sich ganz darauf, die Individualität zu charakterisieren: so ist sie eine Urkunde oder ein Werk der Lebenskunstlehre.

[226] Da man immer so sehr gegen die Hypothesen redet, so sollte man doch einmal versuchen, die Geschichte ohne Hypothese anzufangen. Man kann nicht sagen, daß etwas ist, ohne zu sagen, was es ist. Indem man sie denkt, bezieht man Fakta schon auf Begriffe, und es ist doch wohl nicht einerlei, auf welche. Weiß man dies, so bestimmt und wählt man sich selbst unter den möglichen Begriffen die notwendigen, auf die man Fakta jeder Art beziehen soll. Will man es nicht anerkennen, so bleibt die Wahl dem Instinkt, dem Zufall, oder der Willkür überlassen, man schmeichelt sich reine solide Empirie ganz *a posteriori* zu haben, und hat eine höchst einseitige, höchst dogmatizistische und transzendente Ansicht *a priori*.

[227] Der Schein der Regellosigkeit in der Geschichte der Menschheit entsteht nur durch die Kollisionsfälle heterogener Sphären der Natur, die hier alle zusammentreffen und ineinander greifen. Denn sonst hat die unbedingte Willkür in diesem Gebiet der freien Notwendigkeit und notwendigen Freiheit, weder konstitutive noch legislative Gewalt, und nur den täuschenden Titel der exekutiven und richterlichen. Der skizzierte Gedanke einer historischen Dynamik macht dem Geiste des Condorcet so viel Ehre, als seinem Herzen der mehr als französische Enthusiasmus für die beinah trivial gewordene Idee der unendlichen Vervollkommnung.

[228] Die historische Tendenz seiner Handlungen bestimmt die positive Sittlichkeit des Staatsmanns und Weltbürgers.

[229] Die Araber sind eine höchst polemische Natur, die Annihilanten unter den Nationen. Ihre Liebhaberei, die Originale zu vertilgen, oder wegzuwerfen, wenn die Übersetzung fertig war, charakterisiert den Geist ihrer Philosophie. Eben darum waren sie vielleicht unendlich kultivierter, aber bei aller Kultur rein barbarischer als die Europäer des Mittelalters. Barbarisch ist nämlich, was zugleich antiklassisch, und antiprogressiv ist.

[230] Die Mysterien des Christianismus mußten durch den unaufhörlichen Streit, in den sie Vernunft und Glauben verwickelten,

entweder zur skeptischen Resignation auf alles nicht empirische Wissen, oder auf kritischen Idealismus führen.

[231] Der Katholizismus ist das naive Christentum; der Protestantismus ist sentimentales, und hat außer seinem polemischen revolutionären Verdienst auch noch das positive, durch die Vergötterung der Schrift die einer universellen und progressiven Religion auch wesentliche Philologie veranlaßt zu haben. Nur fehlt es dem protestantischen Christentum vielleicht noch an Urbanität. Einige biblische Historien in ein Homerisches Epos zu travestieren, andre mit der Offenheit des Herodot und der Strenge des Tacitus im Styl der klassischen Historie darzustellen, oder die ganze Bibel als das Werk Eines Autors zu rezensieren; das würde allen paradox, vielen ärgerlich, einigen doch unschicklich und überflüssig scheinen. Aber darf irgendetwas wohl überflüssig scheinen, was die Religion liberaler machen könnte?

[232] Da alle Sachen die recht Eins sind, zugleich Drei zu sein pflegen, so läßt sich nicht absehen warum es mit Gott grade anders sein sollte. Gott ist aber nicht bloß ein Gedanke, sondern zugleich auch eine Sache, wie alle Gedanken, die nicht bloße Einbildungen sind.

[233] Die Religion ist meistens nur ein Supplement oder gar ein Surrogat der Bildung, und nichts ist religiös in strengem Sinne, was nicht ein Produkt der Freiheit ist. Man kann also sagen: Je freier, je religiöser; und je mehr Bildung, je weniger Religion.

[234] Es ist sehr einseitig und anmaßend, daß es grade nur Einen Mittler geben soll. Für den vollkommnen Christen, dem sich in dieser Rücksicht der einzige Spinosa am meisten nähern dürfte, müßte wohl alles Mittler sein.

[235] Christus ist jetzt verschiedentlich *a priori* deduziert worden: aber sollte die Madonna nicht ebensoviel Anspruch haben, auch ein ursprüngliches, ewiges, notwendiges Ideal wenn gleich nicht der reinen, doch der weiblichen und männlichen Vernunft zu sein?

[236] Es ist ein grobes, doch immer noch gemeines Mißverständnis, daß man glaubt, um ein Ideal darzustellen, müsse ein so zahlreiches Aggregat von Tugenden wie möglich auf einen Namen zusammengepackt, ein ganzes Kompendium der Moral in einem Menschen

aufgestellt werden; wodurch nichts erlangt wird als Auslöschung der Individualität und Wahrheit. Das Ideale liegt nicht in der Quantität sondern in der Qualität. Grandison ist ein Exempel, und kein Ideal. [A.W. Schlegel]

[237] Humor ist gleichsam der Witz der Empfindung. Er darf sich daher mit Bewußtsein äußern: aber er ist nicht echt, sobald man Vorsatz dabei wahrnimmt. [A.W. Schlegel]

[238] Es gibt eine Poesie, deren eins und alles das Verhältnis des Idealen und des Realen ist, und die also nach der Analogie der philosophischen Kunstsprache Transzendentalpoesie heißen müßte. Sie beginnt als Satire mit der absoluten Verschiedenheit des Idealen und Realen, schwebt als Elegie in der Mitte, und endigt als Idylle mit der absoluten Identität beider. So wie man aber wenig Wert auf eine Transzendentalphilosophie legen würde, die nicht kritisch wäre, nicht auch das Produzierende mit dem Produkt darstellte, und im System der transzendentalen Gedanken zugleich eine Charakteristik des transzendentalen Denkens enthielte: so sollte wohl auch jene Poesie die in modernen Dichtern nicht seltnen transzendentalen Materialien und Vorübungen zu einer poetischen Theorie des Dichtungsvermögens mit der künstlerischen Reflexion und schönen Selbstbespiegelung, die sich im Pindar, den lyrischen Fragmenten der Griechen, und der alten Elegie, unter den Neuern aber in Goethe findet, vereinigen, und in jeder ihrer Darstellungen sich selbst mit darstellen, und überall zugleich Poesie und Poesie der Poesie sein.

[239] Bei der Liebe der alexandrinischen und römischen Dichter für schwierigen und unpoetischen Stoff liegt doch der große Gedanke zum Grunde: daß alles poetisiert werden soll: keineswegs als Absicht der Künstler, aber als historische Tendenz der Werke. Und bei der Mischung aller Kunstarten der poetischen Eklektiker des spätern Altertums, die Foderung, daß es nur Eine Poesie geben solle wie Eine Philosophie.

[240] Im Aristophanes ist die Immoralität gleichsam legal, und in den Tragikern ist die Illegalität moralisch.

[241] Wie bequem ist es doch daß mythologische Wesen allerlei bedeuten, was man sich zueignen möchte! Indem man unaufhörlich von ihnen spricht, glaubt einen der gutmütige Leser im Besitz der bezeichneten Eigenschaft. Einer oder der andre von unsern Dichtern

wäre ein geschlagner Mann, wenn es keine Grazien gäbe. [A.W. Schlegel]

[242] Wenn jemand die Alten in Masse charakterisieren will, das findet niemand paradox; und doch, so wenig wissen sie meistens was sie meinen, würde es ihnen auffallen wenn man behauptete: die alte Poesie sei ein Individuum im strengsten und buchstäblichsten Sinne des Worts, markierter von Physiognomie, origineller an Manieren und konsequenter in ihren Maximen als ganze Summen solcher Phänomene, welche wir in rechtlichen und gesellschaftlichen Verhältnissen für Personen, ja sogar für Individuen gelten lassen müssen und gelten lassen sollen. Kann man etwas andres charakterisieren als Individuen? Ist, was sich auf einem gewissen gegebnen Standpunkte nicht weiter multiplizieren läßt, nicht ebenso gut eine historische Einheit, als was sich nicht weiter dividieren läßt? Sind nicht alle Systeme Individuen, wie alle Individuen auch wenigstens im Keime und der Tendenz nach Systeme? Ist nicht alle reale Einheit historisch? Gibt es nicht Individuen, die ganze Systeme von Individuen in sich enthalten?

[243] Das Trugbild einer gewesenen goldnen Zeit ist eins der größten Hindernisse gegen die Annäherung der goldnen Zeit die noch kommen soll. Ist die goldne Zeit gewesen, so war sie nicht recht golden. Gold kann nicht rosten, oder verwittern: es geht aus allen Vermischungen und Zersetzungen unzerstörbar echt wieder hervor. Will die goldne Zeit nicht ewig fortgehend beharren, so mag sie lieber gar nicht anheben, so taugt sie nur zu Elegien über ihren Verlust. [A.W. Schlegel]

[244] Die Komödien des Aristophanes sind Kunstwerke, die sich von allen Seiten sehen lassen. Gozzis Dramen haben einen Gesichtspunkt.

[245] Ein Gedicht oder ein Drama, welches der Menge gefallen soll, muß ein wenig von allem haben, eine Art Mikrokosmus sein. Ein wenig Unglück und ein wenig Glück, etwas Kunst, und etwas Natur, die gehörige Quantität Tugend und eine gewisse Dosis Laster. Auch Geist muß drin sein nebst Witz, ja sogar Philosophie, und vorzüglich Moral, auch Politik mitunter. Hilft ein Ingrediens nicht, so kann vielleicht das andre helfen. Und gesetzt auch, das Ganze könnte nicht helfen, so könnte es doch auch, wie manche darum immer zu lobende Medizin, wenigstens nicht schaden.

[246] Magie, Karikatur, und Materialität sind die Mittel durch welche die moderne Komödie der alten Aristophanischen im Innern, wie durch demagogische Popularität im Äußern, ähnlich werden kann, und im Gozzi bis zur Erinnerung geworden ist. Das Wesen der komischen Kunst aber bleibt immer der enthusiastische Geist und die klassische Form.

[247] Dantes prophetisches Gedicht ist das einzige System der transzendentalen Poesie, immer noch das höchste seiner Art. Shakespeares Universalität ist wie der Mittelpunkt der romantischen Kunst. Goethes rein poetische Poesie ist die vollständigste Poesie der Poesie. Das ist der große Dreiklang der modernen Poesie, der innerste und allerheiligste Kreis unter allen engern und weitern Sphären der kritischen Auswahl der Klassiker der neuern Dichtkunst.

[248] Die einzelnen Großen stehen weniger isoliert unter den Griechen und Römern. Sie hatten weniger Genies, aber mehr Genialität. Alles Antike ist genialisch. Das ganze Altertum ist ein Genius, der einzige den man ohne Übertreibung absolut groß, einzig und unerreichbar nennen darf.

[249] Der dichtende Philosoph, der philosophierende Dichter ist ein Prophet. Das didaktische Gedicht sollte prophetisch sein, und hat auch Anlage, es zu werden.

[250] Wer Fantasie, oder Pathos, oder mimisches Talent hat, müßte die Poesie lernen können, wie jedes andre Mechanische. Fantasie ist zugleich Begeistrung und Einbildung; Pathos ist Seele und Leidenschaft; Mimik ist Blick und Ausdruck.

[251] Wie viele gibt es nicht jetzt, die zu weich und gutmütig sind, um Tragödien sehen zu können, und zu edel und würdig, um Komödien hören zu wollen. Ein großer Beweis für die zarte Sittlichkeit unsers Jahrhunderts, welches die Französische Revolution nur hat verleumden wollen.

[252] Eine eigentliche Kunstlehre der Poesie würde mit der absoluten Verschiedenheit der ewig unauflöslichen Trennung der Kunst und der rohen Schönheit anfangen. Sie selbst würde den Kampf beider darstellen, und mit der vollkommnen Harmonie der Kunstpoesie und Naturpoesie endigen. Diese findet sich nur in den Alten, und sie selbst würde nichts anders sein, als eine höhere Geschichte vom

Geist der klassischen Poesie. Eine Philosophie der Poesie überhaupt aber, würde mit der Selbständigkeit des Schönen beginnen, mit dem Satz, daß es vom Wahren und Sittlichen getrennt sei und getrennt sein solle, und daß es mit diesem gleiche Rechte habe; welches für den, der es nur überhaupt begreifen kann, schon aus dem Satz folgt, daß Ich = Ich sei. Sie selbst würde zwischen Vereinigung und Trennung der Philosophie und der Poesie, der Praxis und der Poesie, der Poesie überhaupt und der Gattungen und Arten schweben, und mit der völligen Vereinigung enden. Ihr Anfang gäbe die Prinzipien der reinen Poetik, ihre Mitte die Theorie der besondern eigentümlich modernen Dichtarten, der didaktischen, der musikalischen, der rhetorischen im höhern Sinn u.s.w. Eine Philosophie des Romans, deren erste Grundlinien Platos politische Kunstlehre enthält, wäre der Schlußstein. Flüchtigen Dilettanten ohne Enthusiasmus, und ohne Belesenheit in den besten Dichtern aller Art freilich müßte eine solche Poetik vorkommen, wie einem Kinde, das bildern wollte, ein trigonometrisches Buch. Die Philosophie über einen Gegenstand kann nur der brauchen, der den Gegenstand kennt, oder hat; nur der wird begreifen können, was sie will und meint. Erfahrungen und Sinne kann die Philosophie nicht inokulieren oder anzaubern. Sie soll es aber auch nicht wollen. Wer es schon gewußt hat, der erfährt freilich nichts Neues von ihr; doch wird es ihm erst durch sie ein Wissen und dadurch neu von Gestalt.

[253] In dem edleren und ursprünglichen Sinne des Worts Korrekt, da es absichtliche Durchbildung und Nebenausbildung des Innersten und Kleinsten im Werke nach dem Geist des Ganzen, praktische Reflexion des Künstlers, bedeutet, ist wohl kein moderner Dichter korrekter als Shakespeare. So ist er auch systematisch wie kein andrer: bald durch jene Antithesen, die Individuen, Massen, ja Welten in malerischen Gruppen kontrastieren lassen; bald durch musikalische Symmetrie desselben großen Maßstabes, durch gigantische Wiederholungen und Refrains; oft durch Parodie des Buchstabens und durch Ironie über den Geist des romantischen Drama und immer durch die höchste und vollständigste Individualität und die vielseitigste alle Stufen der Poesie von der sinnlichsten Nachahmung bis zur geistigsten Charakteristik vereinigende Darstellung derselben.

[254] Noch ehe »Hermann und Dorothea« erschien, verglich man es mit Vossens »Luise«; die Erscheinung hätte der Vergleichung ein Ende machen sollen; allein sie wird jenem Gedicht immer noch richtig als Empfehlungsschreiben an das Publikum mit auf den Weg

gegeben. Bei der Nachwelt wird es Luisen empfehlen können, daß sie Dorotheen zur Taufe gehalten hat. [A.W. Schlegel]

[255] Je mehr die Poesie Wissenschaft wird, je mehr wird sie auch Kunst. Soll die Poesie Kunst werden, soll der Künstler von seinen Mitteln und seinen Zwecken, ihren Hindernissen und ihren Gegenständen gründliche Einsicht und Wissenschaft haben, so muß der Dichter über seine Kunst philosophieren. Soll er nicht bloß Erfinder und Arbeiter sondern auch Kenner in seinem Fache sein, und seine Mitbürger im Reiche der Kunst verstehn können, so muß er auch Philolog werden.

[256] Der Grundirrtum der sophistischen Ästhetik ist der, die Schönheit bloß für einen gegebnen Gegenstand, für ein psychologisches Phänomen zu halten. Sie ist freilich nicht bloß der leere Gedanke von etwas was hervorgebracht werden soll, sondern zugleich die Sache selbst, eine der ursprünglichen Handlungsweisen des menschlichen Geistes; nicht bloß eine notwendige Fiktion, sondern auch ein Faktum, nämlich ein ewiges transzendentales.

[257] Die Gesellschaften der Deutschen sind ernsthaft; ihre Komödien und Satiren sind ernsthaft; ihre Kritik ist ernsthaft; ihre ganze schöne Literatur ist ernsthaft. Ist das Lustige bei dieser Nation immer nur unbewußt und unwillkürlich? [A.W. Schlegel]

[258] Alle Poesie, die auf einen Effekt geht, und alle Musik, die der ekzentrischen Poesie in ihren komischen oder tragischen Ausschweifungen und Übertreibungen folgen will, um zu wirken und sich zu zeigen, ist rhetorisch.

[259] A. Fragmente, sagen Sie, wären die eigentliche Form der Universalphilosophie. An der Form liegt nichts. Was können aber solche Fragmente für die größeste und ernsthafteste Angelegenheit der Menschheit, für die Vervollkommnung der Wissenschaft, leisten und sein? – B. Nichts als ein Lessingsches Salz gegen die geistige Fäulnis, vielleicht eine zynische *lanx satura* im Styl des alten Lucilius oder Horaz, oder gar *fermenta cognitionis* zur kritischen Philosophie, Randglossen zu dem Text des Zeitalters.

[260] Wieland hat gemeint, seine beinah ein halbes Jahrhundert umfassende Laufbahn habe mit der Morgenröte unsrer Literatur

angefangen, und endige mit ihrem Untergange. Ein recht offenes Geständnis eines natürlichen optischen Betrugs. [A.W. Schlegel]

[261] Wie das Lebensmotto des poetischen Vagabunden in »Claudine von Villabella« »Toll aber klug« auch der Charakter manches Werks des Genies ist: so ließe sich der entgegengesetzte Wahlspruch auf die geistlose Regelmäßigkeit anwenden: Vernünftig aber dumm. [A.W. Schlegel]

[262] Jeder gute Mensch wird immer mehr und mehr Gott. Gott werden, Mensch sein, sich bilden, sind Ausdrücke, die einerlei bedeuten.

[263] Echte Mystik ist Moral in der höchsten Dignität.

[264] Man soll nicht mit allen symphilosophieren wollen, sondern nur mit denen die *à la hauteur* sind.

[265] Einige haben Genie zur Wahrheit; viele haben Talent zum Irren. Ein Talent, dem eine ebenso große Industrie zur Seite steht. Wie zu einem Leckerbissen sind oft zu einem einzigen Irrtum die Bestandteile aus allen Weltgegenden des menschlichen Geistes mit unermüdlicher Kunst zusammengeholt.

[266] Könnte es nicht noch vor Abfassung der logischen Konstitution eine provisorische Philosophie geben; und ist nicht alle Philosophie provisorisch, bis die Konstitution durch die Akzeptation sanktioniert ist?

[267] Je mehr man schon weiß, je mehr hat man noch zu lernen. Mit dem Wissen nimmt das Nichtwissen in gleichem Grade zu, oder vielmehr das Wissen des Nichtwissens.

[268] Was man eine glückliche Ehe nennt, verhält sich zur Liebe, wie ein korrektes Gedicht zu improvisiertem Gesang.

[269] W. sagte von einem jungen Philosophen: Er trage einen Theorien-Eierstock im Gehirne, und lege täglich wie eine Henne seine Theorie; und das sei für ihn der einzig mögliche Ruhepunkt in seinem beständigen Wechsel von Selbstschöpfung und Selbstvernichtung, welches eine fatigante Manoeuvre sein möchte. [A.W. Schlegel]

[270] Leibniz ließ sich bekanntlich Augengläser von Spinosa machen, und das ist der einzige Verkehr, den er mit ihm oder mit seiner Philosophie gehabt hat. Hatte er sich doch auch Augen von ihm machen lassen um in die ihm unbekannte Weltgegend der Philosophie, wo Spinosa seine Heimat hat, wenigstens aus der Ferne hinüber schauen zu können!

[271] Vielleicht muß man um einen transzendentalen Gesichtspunkt für das Antike zu haben, Erzadern sein. Winckelmann hat die Griechen wie ein Grieche gefühlt. Hemsterhuys hingegen wußte modernen Umfang durch antike Einfachheit schön zu beschränken, und warf von der Höhe seiner Bildung, wie von einer freien Grenze, gleich seelenvolle Blicke in die alte, und in die neue Welt. [A.W. Schlegel]

[272] Warum sollte es nicht auch unmoralische Menschen geben dürfen, so gut wie unphilosophische und unpoetische? Nur antipolitische oder unrechtliche Menschen können nicht geduldet werden.

[273] Mystik ist was allein das Auge des Liebenden an dem Geliebten sieht. Jeder mag seine Mystik für sich haben, nur muß er sie auch für sich behalten Es gibt wohl viele, die das schöne Altertum travestieren, gewiß aber auch einige die es mystifizieren, und also für sich behalten müssen.

Beides entfernt von dem Sinn in dem es rein genossen, und von dem Wege worauf es zurückgebracht werden kann. [A.W. und F. Schlegel]

[274] Jede Philosophie der Philosophie, nach der Spinosa kein Philosoph ist muß verdächtig scheinen.

[275] Sie jammern immer, die deutschen Autoren schrieben nur für einen so kleinen Kreis, ja oft nur für sich selbst untereinander. Das ist recht gut. Dadurch wird die deutsche Literatur immer mehr Geist und Charakter bekommen. Und unterdessen kann vielleicht ein Publikum entstchen.

[276] Leibniz war so sehr Moderantist, daß er auch das Ich, und Nicht-Ich, wie Katholizismus und Protestantismus verschmelzen wollte, und Tun und Leiden nur dem Grade nach verschieden hielt. Das heißt die Harmonie chargieren, und die Billigkeit bis zur Karikatur treiben.

[277] An die Griechen zu glauben, ist eben auch eine Mode des Zeitalters. Sie hören gern genug über die Griechen deklamieren. Kommt aber einer und sagt: Hier sind welche; so ist niemand zu Hause.

[278] Vieles was Dummheit scheint, ist Narrheit, die gemeiner ist, als man denkt. Narrheit ist absolute Verkehrtheit der Tendenz, gänzlicher Mangel an historischem Geist.

[279] Leibnizens Methode der Jurisprudenz ist ihrem Zwecke nach eine allgemeine Ausstellung seiner Plane. Er hatte es auf alles angelegt: Praktiker, Kanzellist, Professor, Hofmeister. Das Eigne davon ist bloße Kombination des juristischen Stoffs mit der theologischen Form. Die »Theodizee« ist im Gegenteil eine Advokatenschrift in Sachen Gottes contra Bayle und Konsorten. [F. Schleiermacher]

[280] Man hält es für ein Unglück, daß es kein bestimmtes Gefühl der physischen Gesundheit gibt, wohl aber der Krankheit. Wie weise diese Veranstaltung der Natur sei, sieht man aus dem Zustande der Wissenschaften, wo der Fall umgekehrt ist, und wo ein Wassersüchtiger, Hektischer und Gelbsüchtiger, wenn er sich mit einem Gesunden vergleicht, glaubt, es gäbe zwischen ihnen keinen andern Unterschied als den zwischen Fett und Mager oder Brünett und Blondin. [F. Schleiermacher]

[281] Fichtes Wissenschaftslehre ist eine Philosophie über die Materie der Kantischen Philosophie. Von der Form redet er nicht viel, weil er Meister derselben ist. Wenn aber das Wesen der kritischen Methode darin besteht, daß Theorie des bestimmenden Vermögens und System der bestimmten Gemütswirkungen in ihr wie Sache und Gedanken in der prästabilierten Harmonie innigst vereinigt sind: so dürfte er wohl auch in der Form ein Kant in der zweiten Potenz und die Wissenschaftslehre weit kritischer sein, als sie scheint. Vorzüglich die neue Darstellung der Wissenschaftslehre ist immer zugleich Philosophie und Philosophie der Philosophie. Es mag gültige Bedeutungen des Worts Kritisch geben, in welchen es nicht auf jede Fichtische Schrift paßt. Aber bei Fichte muß man, wie er selbst, ohne alle Nebenrücksicht nur auf das Ganze sehen und auf das Eine, worauf es eigentlich an kommt; nur so kann man die Identität seiner Philosophie mit der Kantischen sehen und begreifen. Auch ist kritisch wohl etwas, was man nie genug sein kann.

[282] Wenn der Mensch nicht weiter kommen kann, so hilft er sich mit einem Machtspruche, oder einer Machthandlung, einem raschen Entschluß. [Novalis]

[283] Wer sucht wird zweifeln. Das Genie sagt aber so dreist und sicher, was es in sich vorgehn sieht, weil es nicht in seiner Darstellung und also auch die Darstellung nicht in ihm befangen ist, sondern seine Betrachtung und das Betrachtete frei zusammen zu stimmen, zu einem Werke frei sich zu vereinigen scheinen. Wenn wir von der Außenwelt sprechen, wenn wir wirkliche Gegenstände schildern, so verfahren wir wie das Genie. Ohne Genialität existierten wir alle überhaupt nicht. Genie ist zu allem nötig. Was man aber gewöhnlich Genie nennt, ist Genie des Genies. [Novalis]

[284] Der Geist führt einen ewigen Selbstbeweis. [Novalis]

[285] Der transzendentale Gesichtspunkt für dieses Leben erwartet uns. Dort wird es uns erst recht bedeutend werden. [Novalis]

[286] Das Leber eines wahrhaft kanonischen Menschen muß durchgehends symbolisch sein. Wäre unter dieser Voraussetzung nicht jeder Tod ein Versöhnungstod? Mehr oder weniger versteht sich; und ließen sich nicht mehre höchst merkwürdige Folgerungen daraus ziehen? [Novalis]

[287] Nur dann zeige ich, daß ich einen Schriftsteller verstanden habe, wenn ich in seinem Geiste handeln kann; wenn ich ihn, ohne seine Individualität zu schmälern, übersetzen und mannichfach verändern kann. [Novalis]

[288] Wir sind dem Aufwachen nah, wenn wir träumen daß wir träumen. [Novalis]

[289] Echt geselliger Witz ist ohne Knall. Es gibt eine Art desselben, die nur magisches Farbenspiel in höhern Sphären ist. [Novalis]

[290] Geistvoll ist das, worin sich der Geist unaufhörlich offenbart, wenigstens oft von neuem in veränderter Gestalt wiedererscheint; nicht bloß etwa nur einmal, so zu Anfang, wie bei vielen philosophischen Systemen. [Novalis]

[291] Deutsche gibt es überall. Germanität ist so wenig, wie Romanität, Gräzität oder Britannität auf einen besondern Staat eingeschränkt; es sind allgemeine Menschencharaktere die nur hie und da vorzüglich allgemein geworden sind. Deutschheit ist echte Popularität, und darum ein Ideal. [Novalis]

[292] Der Tod ist eine Selbstbesiegung, die wie alle Selbstüberwindung, eine neue leichtere Existenz verschafft. [Novalis]

[293] Brauchen wir zum Gewöhnlichen und Gemeinen vielleicht deswegen so viel Kraft und Anstrengung, weil für den eigentlichen Menschen nichts ungewöhnlicher nichts ungemeiner ist als armselige Gewöhnlichkeit? [Novalis]

[294] Genialischer Scharfsinn ist scharfsinniger Gebrauch des Scharfsinns. [Novalis]

[295] Auf die berühmte Preisfrage der Berliner Akademie der Wissenschaften über die Fortschritte der Metaphysik sind Antworten jeder Art erschienen: eine feindliche, eine günstige, eine überflüssige, noch eine, auch eine dramatische, und sogar eine sokratische von Hülsen. Ein wenig Enthusiasmus, wenn er auch roh sein sollte, ein gewisser Schein von Universalität verfehlen ihre Wirkung nicht leicht, und verschaffen auch wohl dem Paradoxen ein Publikum. Aber der Sinn für reine Genialität ist selbst unter gebildeten Menschen eine Seltenheit. Kein Wunder also, wenn es nur wenige wissen, daß Hülsens Werk eines von daß Hülsens Werk eines von denen ist, wie sie in der Philosophie immer sehr selten waren und es auch jetzt noch sind: ein Werk im strengsten Sinne des Worts, ein Kunstwerk, das Ganze aus Einem Stück, an dialektischer Virtuosität das nächste nach Fichte, und das eine erste Schrift, die der Veranlassung nach eine Gelegenheitsschrift sein sollte. Hülsen ist seines Gedankens und seines Ausdrucks völlig Meister, er geht sicher und leise; und diese ruhige hohe Besonnenheit bei dem weltumfassenden Blick und der reinen Humanität, ist es eben was ein historischer Philosoph in seinem antiquarischen und aus der Mode gekommenen Dialekt das Sokratische nennen würde; eine Terminiologie die sich jedoch ein Künstler, der so viel philologischen Geist hat, gefallen lassen muß.

[296] Ungeachtet er so eine idyllische Natur ist, hat Fontenelle doch eine starke Antipathie gegen den Instinkt, und vergleicht das reine

Talent, welches er für unmöglich hält, mit dem ganz absichtslosen Kunstfleiße der Biber Wie schwer ist es, sich selbst nicht zu übersehn! Denn wenn Fontenelle sagt: *La gêne fait l'essence et le merite brillant de la poesie:* so scheints kaum möglich, die französische Poesie mit wenigen Worten besser zu charakterisieren. Aber ein Biber, der Academicien wäre, könnte wohl nicht mit vollkommnerem Unbewußtsein das Rechte treffen.

[297] Gebildet ist ein Werk, wenn es überall scharf begrenzt, innerhalb der Grenzen aber grenzenlos und unerschöpflich ist, wenn es sich selbst ganz treu, überall gleich, und doch über sich selbst erhaben ist. Das Höchste und Letzte ist, wie bei der Erziehung eines jungen Engländers, *le grand tour.* Es muß durch alle drei oder vier Weltteile der Menschheit gewandert sein, nicht um die Ecken seiner Individualität abzuschleifen, sondern um seinen Blick zu erweitern und seinem Geist mehr Freiheit und innre Vielseitigkeit und dadurch mehr Selbständigkeit und Selbstgenügsamkeit zu geben.

[298] Die Orthodoxen unter den Kantianern suchen das Prinzip ihrer Philosophie vergeblich im Kant. Es steht in Bürgers Gedichten und lautet. »Ein Kaiserwort soll man nicht drehn noch deuteln.«

[299] An genialischem Unbewußtsein können die Philosophen, dünkt mich den Dichtern den Rang recht wohl streitig machen.

[300] Wenn Verstand und Unverstand sich berühren, so gibt es einen elektrischen Schlag. Das nennt man Polemik.

[301] Noch bewundern die Philosophen im Spinosa nur die Konsequenz, wie die Engländer am Shakespeare bloß die Wahrheit preisen.

[302] Vermischte Gedanken sollten die Kartons der Philosophie sein. Man weiß, was diese den Kennern der Malerei gelten. Wer nicht philosophische Welten mit dem Crayon skizzieren, jeden Gedanken, der Physiognomie hat mit ein paar Federstrichen charakterisieren kann, für den wird die Philosophie nie Kunst, und also auch nie Wissenschaft werden. Denn in der Philosophie geht der Weg zur Wissenschaft nur durch die Kunst, wie der Dichter im Gegenteil erst durch Wissenschaft ein Künstler wird.

[303] Immer tiefer zu dringen, immer höher zu steigen, ist die Lieblingsneigung der Philosophen. Auch gelingt es, wenn man ihnen

aufs Wort glaubt, mit bewundrungswürdiger Schnelligkeit. Mit dem Weiterkommen geht es dagegen langsam genug. Besonders in Rücksicht der Höhe überbieten sie sich ordentlich, wie wenn zwei zugleich auf einer Auktion unbedingte Kommission haben. Vielleicht ist aber alle Philosophie, die philosophisch ist, unendlich hoch und unendlich tief. Oder steht Plato niedriger als die jetzigen Philosophen?

[304] Auch die Philosophie ist das Resultat zwei streitender Kräfte, der Poesie und Praxis. Wo diese sich ganz durchdringen und in eins schmelzen, da entsteht Philosophie; wenn sie sich wieder zersetzt, wird sie Mythologie, oder wirft sich ins Leben zurück. Aus Dichtung und Gesetzgebung bildete sich die griechische Weisheit. Die höchste Philosophie, vermuten einige, dürfte wieder Poesie werden; und es ist sogar eine bekannte Erfahrung, daß gemeine Naturen erst nach ihrer Art zu philosophieren anfangen, wenn sie zu leben aufhören. – Diesen chemischen Prozeß des Philosophierens besser darzustellen, wo möglich die dynamischen Gesetze desselben ganz ins reine zu bringen, und die Philosophie, welche sich immer von neuem organisieren und desorganisieren muß, in ihre lebendigen Grundkräfte zu scheiden, und zu ihrem Ursprung zurückzuführen, das halte ich für Schellings eigentliche Bestimmung. Dagegen scheint mir seine Polemik, besonders aber seine literarische Kritik der Philosophie eine falsche Tendenz zu sein; und seine Anlage zur Universalität ist wohl noch nicht gebildet genug, um in der Philosophie der Physik das finden zu können, was sie da sucht.

[305] Absicht bis zur Ironie, und mit willkürlichem Schein von Selbstvernichtung ist ebensowohl naiv, als Instinkt bis zur Ironie. Wie das Naive mit den Widersprüchen der Theorie und der Praxis, so spielt das Groteske mit wunderlichen Versetzungen von Form und Materie, liebt den Schein des Zufälligen und Seltsamen, und kokettiert gleichsam mit unbedingter Willkür. Humor hat es mit Sein und Nichtsein zu tun, und sein eigentliches Wesen ist Reflexion. Daher seine Verwandtschaft mit der Elegie und allem, was transzendental ist; daher aber auch sein Hochmut und sein Hang zur Mystik des Witzes. Wie Genialität dem Naiven, so ist ernste reine Schönheit dem Humor notwendig. Er schwebt am liebsten über leicht und klar strömenden Rhapsodien der Philosophie oder der Poesie und flieht schwerfällige Massen, und abgerißne Bruchstücke.

[306] Die Geschichte von den Gergesener Säuen ist wohl eine sinnbildliche Prophezeiung von der Periode der Kraftgenies, die sich nun glücklich in das Meer der Vergessenheit gestürzt haben.

[307] Wenn ich meine Antipathie gegen das Katzengeschlecht erkläre, so nehme ich Peter Leberechts gestiefelten Kater aus. Krallen hat er, und wer davon geritzt worden ist, schreit, wie billig, über ihn; andre aber kann es belustigen, wie er gleichsam auf dem Dache der dramatischen Kunst herumspaziert.

[308] Der Denker braucht grade ein solches Licht wie der Maler: hell, ohne unmittelbaren Sonnenschein oder blendende Reflexe, und, wo möglich, von oben herab.

[309] Welche Vorstellungen müssen die Theoristen gehabt haben, die das Porträt vom Gebiet der eigentlich schönen, freien und schaffenden Kunst ausschließen. Es ist grade, als wollte man es nicht für Poesie gelten lassen, wenn ein Dichter seine wirkliche Geliebte besingt. Das Porträt ist die Grundlage und der Prüfstein des historischen Gemäldes. [A.W. Schlegel]

[310] Neuerdings ist die unerwartete Entdeckung gemacht worden, in der Gruppe des Laokoon sei der Held sterbend vorgestellt, und zwar an einem Schlagflusse. Weiter läßt sich nun die Kennerschaft in dieser Richtung nicht treiben, es müßte uns denn jemand belehren, Laokoon sei wirklich schon tot, welches auch in Rücksicht auf den Kenner seine vollkommene Richtigkeit haben würde. Bei Gelegenheit werden Lessing und Winckelmann zurechtgewiesen: nicht Schönheit, wie jener behauptet, (eigentlich beide und mit ihnen Mengs) noch stille Größe und edle Einfalt, wie dieser, sei das Grundgesetz der griechischen Kunst gewesen, sondern Wahrheit der Charakteristik. Charakterisieren will wohl alle menschliche Bildnerei bis auf die hölzernen Götzen der Kamtschadalen hinunter. Wenn man aber den Geist einer Sache in Einem Zuge fassen will, so nennt man nicht das, was sich von selbst versteht, und was sie mit andern gemein hat, sondern was wesentlich ihre Eigentümlichkeit bezeichnet. Charakterlose Schönheit läßt sich nicht denken: sie wird, wenn auch keinen ethischen, doch allezeit einen physischen Charakter haben, d.h. die Schönheit eines gewissen Alters und Geschlechts sein, oder bestimmte körperliche Gewöhnungen verraten, wie die Körper der Ringer. Die alte Kunst hat nicht nur ihre unter Anleitung der Mythologie erschaffnen Bildungen in dem höchsten und würdig-

sten Sinne gedacht, sondern mit jedem Charakter der Formen und des Ausdrucks den Grad von Schönheit vereinbart, der dabei stattfinden konnte, ohne jenen zu zerstören. Daß sie dies auch da möglich zu machen gewußt, wo ein barbarischer Geschmack nicht einmal des Gedankens fähig gewesen wäre, läßt sich, z.B. an antiken Medusenköpfen, beinah mit Händen greifen. Wenn komische oder tragische Darstellungen ein Einwurf gegen dies allgemeine, durchgängige Streben nach Schönheit wären, so läge er zu nahe, als daß er Kennern des Altertums wie Mengs und Winckelmann hätte entgehen können. Man vergleiche die gröbste Ausgelassenheit antiker Satyren und Bacchantinnen mit ähnlichen Vorstellungen aus der flamändischen Schule, und man müßte selbst ganz unhellenisch sein, wenn man nicht dort noch das Hellenische fühlte. Es ist ganz etwas anders, im Schmutze gemeiner Sinnlichkeit einheimisch sein, oder sich, wie eine Gottheit in eine Tiergestalt, aus mutwilliger Lust dazu herablassen. Auch bei der Wahl schrecklicher Gegenstände kommt ja noch alles auf die Behandlung an, welche den mildernden Hauch der Schönheit darüber verbreiten kann, und in der griechischen Kunst und Poesie wirklich verbreitet hat. Grade in streitenden Elementen, in dem unauflöslich scheinenden Widerspruche zwischen der Natur des Dargestellten und dem Gesetze der Darstellung, erscheint die innre Harmonie des Geistes am göttlichsten. Oder wird man in den Tragödien des Sophokles, deswegen weil sie höchst tragisch sind, die stille Größe und edle Einfalt wegleugnen? Daß im Körper des Laokoon der gewaltsamste Zustand des Leidens und der Anstrengung ausgedrückt sei, hat Winckelmann sehr bestimmt anerkannt; nur im Gesichte, behauptet er, erscheine die nicht erliegende Heldenseele. Jetzt erfahren wir, daß Laokoon nicht schreit, weil er nicht mehr schreien kann. Nämlich von wegen des Schlagflusses. Freilich kann er nicht schreien, sonst würde er gegen eine so entstellende Beschreibung und Verkennung seiner heroischen Größe die Stimme erheben. [A.W. Schlegel]

[311] Wenn der Geschmack der Engländer in der Malerei, wie die mechanische Zierlichkeit ihrer Kupferstiche befürchten läßt, sich auf dem festen Lande noch weiter verbreiten sollte, so möchte man darauf antragen, den ohnedies unschicklichen Namen, historisches Gemälde, abzuschaffen und dafür theatralisches Gemälde einzuführen. [A.W. Schlegel]

[312] Gegen den Vorwurf, daß die eroberten italiänischen Gemälde in Paris übel behandelt würden, hat sich der Säuberer derselben er-

boten, ein Bild von Carracci halb gereinigt und halb in seinem ursprünglichen Zustand aufzustellen. Ein artiger Einfall! So sieht man bei plötzlichem Lärm auf der Gasse manchmal ein halb rasiertes Gesicht zum Fenster herausgucken; und mit französischer Lebhaftigkeit und Ungeduld betrieben, mag das Säuberungsgeschäft überhaupt viel von der Barbierkunst an sich haben.

[313] Die zarte Weiblichkeit in Gedanken und Dichtungen, die auf den Bildern der Angelika Kauffmann anzieht, hat sich bei den Figuren mitunter auf eine unerlaubte Art eingeschlichen: ihren Jünglingen sieht es aus den Augen, daß sie gar zu gern einen Mädchenbusen hätten, und wo möglich auch solche Hüften. Vielleicht waren sich die griechischen Malerinnen dieser Grenze oder Klippe ihres Talentes bewußt. Unter den wenigen, die Plinius nennt, führt er von der Timarete, Irene und Lala nur weibliche Figuren an. [A.W. Schlegel]

[314] Da man jetzt überall moralische Nutzanwendungen verlangt, so wird man auch die Nützlichkeit der Porträtmalerei durch eine Beziehung auf häusliches Glück dartun müssen. Mancher, der sich an seiner Frau ein wenig müde gesehen, findet seine ersten Regungen vor den reineren Zügen ihres Bildnisses wieder. [A.W. Schlegel]

[315] Der Ursprung der griechischen Elegie, sagt man, liege in der lydischen Doppelflöte. Sollte er nicht nächstdem auch in der menschlichen Natur zu suchen sein?

[316] Für Empiriker, die sich auch bis zum Streben nach Gründlichkeit und bis zum Glauben an einen großen Mann erheben können, wird die Fichtische Wissenschaftslehre doch nie mehr sein als das dritte Heft von dem »Philosophischen Journal«, die Konstitution.

[317] Wenn Nichts zuviel so viel bedeutet als Alles ein wenig: so ist Garve der größte deutsche Philosoph.

[318] Heraklit sagte, man lerne die Vernunft nicht durch Vielwisserei. Jetzt scheint es nötiger zu erinnern, daß man durch reine Vernunft allein noch nicht gelehrt werde.

[319] Um einseitig sein zu können, muß man wenigstens eine Seite haben. Dies ist gar nicht der Fall der Menschen, die (gleich echten Rhapsoden nach Platos Charakteristik dieser Gattung) nur für eins Sinn haben, nicht weil es ihr alles, sondern weil es ihr einziges ist,

und immer dasselbe absingen. Ihr Geist ist nicht so wohl in enge Grenzen eingeschlossen; er hört vielmehr gleich auf, und wo er aufhört, geht unmittelbar der leere Raum an. Ihr ganzes Wesen ist wie ein Punkt, der aber doch die Ähnlichkeit mit dem Golde hat, daß er sich zu einem unglaublich dünnen Plättchen sehr weit auseinanderschlagen läßt.

[320] Warum fehlt in den modigen Verzeichnissen aller möglichen Grundsätze der Moral immer das Ridicüle? Etwa weil dieses Prinzip nur in der Praxis allgemein gilt?

[321] Über das geringste Handwerk der Alten wird keiner zu urteilen wagen, der es nicht versteht. Über die Poesie und Philosophie der Alten glaubt jeder mitsprechen zu dürfen, der eine Konjektur oder einen Kommentar machen kann, oder etwa in Italien gewesen ist. Hier glauben sie einmal dem Instinkt zu viel: denn übrigens mag es wohl eine Foderung der Vernunft sein, daß jeder Mensch ein Poet und ein Philosoph sein solle, und die Foderungen der Vernunft, sagt man, ziehen den Glauben nach sich. Man könnte diese Gattung des Naiven das philologische Naive nennen.

[322] Das beständige Wiederholen des Themas in der Philosophie entspringt aus zwei verschiedenen Ursachen. Entweder der Autor hat etwas entdeckt, er weiß aber selbst noch nicht recht was; und in diesem Sinne sind Kants Schriften musikalisch genug. Oder er hat etwas Neues gehört, ohne es gehörig zu vernehmen, und in diesem Sinne sind die Kantianer die größten Tonkünstler der Literatur.

[323] Daß ein Prophet nicht in seinem Vaterlande gilt ist wohl der Grund, warum kluge Schriftsteller es so häufig vermeiden, ein Vaterland im Gebiete der Künste und Wissenschaften zu haben. Sie legen sich lieber aufs Reisen, Reisebeschreibungen, oder aufs Lesen und Übersetzen von Reisebeschreibungen, und erhalten das Lob der Universalität.

[324] Alle Gattungen sind gut, sagt Voltaire, ausgenommen die langweilige Gattung. Aber welches ist denn nun die langweilige Gattung? Sie mag größer sein als alle andern und viele Wege mögen dahin führen. Der kürzeste ist wohl, wenn ein Werk nicht weiß, zu welcher Gattung es gehören will oder soll. Sollte Voltaire diesen Weg nie gegangen sein?

[325] Wie Simonides die Poesie eine redende Malerei und die Malerei eine stumme Poesie nannte, so könnte man sagen, die Geschichte sei eine werdende Philosophie, und die Philosophie eine vollendete Geschichte. Aber Apoll, der nicht verschweigt und nicht sagt, sondern andeutet, wird nicht mehr verehrt und wo sich eine Muse sehen läßt, wollen sie sie gleich zu Protokoll vernehmen. Wie übel verfährt selbst Lessing mit jenem schönen Wort des geistvollen Griechen, der vielleicht keine Gelegenheit hatte, an *descriptive poetry* zu denken, und dem es sehr überflüssig scheinen mußte, daran zu erinnern, daß die Poesie auch eine geistige Musik sei, da er keine Vorstellung davon hatte, daß beide Künste getrennt sein könnten.

[326] Wenn gemeine Menschen, ohne Sinn für die Zukunft, einmal von der Wut des Fortschreitens ergriffen werden, treiben sie's auch recht buchstäblich. Den Kopf voran und die Augen zu schreiten sie in alle Welt, als ob der Geist Arme und Beine hätte. Wenn sie nicht etwa den Hals brechen, so erfolgt gewöhnlich eins von beiden: entweder sie werden stätisch oder sie machen linksum. Mit den letzten muß mans machen wie Caesar, der die Gewohnheit hatte, im Gedränge der Schlacht flüchtig gewordene Krieger bei der Kehle zu packen, und mit dem Gesicht gegen die Feinde zu kehren.

[327] Virtuosen in verwandten Gattungen verstehn sich oft am wenigstens, und auch die geistige Nachbarschaft pflegt Feindseligkeiten zu veranlassen. So findet man nicht selten, daß edle und gebildete Menschen, die alle göttlich dichten, denken oder leben, deren jeder aber sich der Gottheit auf einem andern Wege nähert, einander die Religion absprechen, gar nicht um der Partei oder des Systems willen, sondern aus Mangel an Sinn für religiöse Individualität. Die Religion ist schlechthin groß wie die Natur, der vortrefflichste Priester hat doch nur ein klein Stück davon. Es gibt unendlich viel Arten derselben, die sich jedoch von selbst unter einige Hauptrubriken zu ordnen scheinen. Einige haben am meisten Talent für die Anbetung des Mittlers, für Wunder und Gesichte. Das sind die, welche der gemeine Mann, wie es kommt, Schwärmer oder Poeten nennt. Ein andrer weiß vielleicht mehr von Gott dem Vater, und versteht sich auf Geheimnisse und Weissagungen. Dieser ist ein Philosoph, und wird wie der Gesunde von der Gesundheit, nicht viel von der Religion reden, am wenigsten von seiner eignen. Andre glauben an den heiligen Geist, und was dem anhängt, Offenbarungen, Eingebungen usw.; an sonst aber niemand. Das sind künstlerische Naturen. Es ist ein sehr natürlicher ja fast unvermeidlicher Wunsch, alle Gattungen

der Religion in sich vereinigen zu wollen. In der Ausführung ists damit aber ungefähr, wie mit der Vermischung der Dichtarten. Wer aus wahrem Instinkt zugleich an den Mittler und an den heiligen Geist glaubt, pflegt schon die Religion als isolierte Kunst zu treiben; welches eine der mißlichsten Professionen ist, die ein ehrlicher Mann treiben kann. Wie müßte es erst einem ergehn, der an alle drei glaubt!

[328] Nur der, welcher sich selbst setzt, kann andre setzen. Ebenso hat nur der, welcher sich selbst annihiliert, ein Recht jeden andern zu annihilieren. [F. Schleiermacher]

[329] Es ist kindisch, den Leuten das einreden zu wollen, wofür sie keinen Sinn haben. Tut als ob sie nicht da wären, und macht ihnen vor, was sie sehen lernen sollen. Dies ist zugleich höchst weltbürgerlich und höchst sittlich; sehr höflich und sehr zynisch. [F. Schleiermacher]

[330] Viele haben Geist oder Gemüt oder Fantasie. Aber weil es für sich selbst nur in flüchtiger dunstförmiger Gestalt erscheinen könnte, hat die Natur Sorge getragen, es durch irgendeinen gemeinen erdigen Stoff chemisch zu binden. Dieses Gebundne zu entdecken ist die beständige Aufgabe des höchsten Wohlwollens, aber es erfodert viel Übung in der intellektuellen Chemie. Wer für jedes, was in der menschlichen Natur schön ist, ein untrügliches Reagens zu entdecken wüßte, würde uns eine neue Welt zeigen. Wie in der Vision des Propheten würde auf einmal das unendliche Feld zerstückter Menschenglieder lebendig werden. [F. Schleiermacher]

[331] Es gibt Menschen, die kein Interesse an sich selbst nehmen. Einige, weil sie überhaupt keines, auch nicht an andern, fähig sind. Andere, weil sie ihres gleichmäßigen Fortschreitens sicher sind, und weil ihre selbstbildende Kraft keiner reflektierenden Teilnahme mehr bedarf, weil hier Freiheit in allen ihren höchsten und schönsten Äußerungen gleichsam Natur geworden ist. So berührt sich auch hier in der Erscheinung das Niedrigste und das Erhabenste. [F. Schleiermacher]

[332] Unter den Menschen, die mit der Zeit fortgehn, gibt es manche, welche, wie die fortlaufenden Kommentare, bei den schwierigen Stellen nicht still stehn vollen.

[333] Gott ist nach Leibniz wirklich, weil nichts seine Möglichkeit verhindert. In dieser Rücksicht ist Leibnizens Philosophie recht gottähnlich.

[334] Dafür ist das Zeitalter noch nicht reif, sagen sie immer. Soll es deswegen unterbleiben? – Was noch nicht sein kann, muß wenigstens immer im Werden bleiben. [F. Schleiermacher]

[335] Wenn Welt der Inbegriff desjenigen ist, was sich dynamisch affiziert, so wird es der gebildete Mensch wohl nie dahin bringen, nur in einer Welt zu leben. Die eine müßte die beste sein, die man nur suchen soll, nicht finden kann. Aber der Glaube an sie ist etwas so Heiliges, wie der Glaube an die Einzigkeit in der Freundschaft und Liebe. [F. Schleiermacher]

[336] Wer mit seiner Manier, kleine Silhouetten von sich selbst in verschiednen Stellungen aus freier Hand auszuschneiden und umherzubieten, eine Gesellschaft unterhalten kann, oder auf den ersten Wink fertig ist, den Kastellan von sich selbst zu machen, und was in ihm ist jedem, der an seiner Türe stehn bleibt, zu zeigen wie ein Landedelmann die verschrobenen Anlagen seines englischen Gartens, der heißt ein offner Mensch. Für die, welche auch in die Gesellschaft ihre Trägheit mitbringen und beiläufig gern was sie um sich sehn mustern und klassifizieren möchten, ist dies freilich eine bequeme Eigenschaft. Auch gibt es Menschen genug, die dieser Foderung entsprechen, und durchaus in dem Styl eines Gartenhauses gebaut sind, wo jedes Fenster eine Tür ist, und jedermann Platz zu nehmen genötigt wird, in der Voraussetzung, daß er nicht mehr zu finden erwarte, als was ein Dieb in einer Nacht ausräumen könnte, ohne sich sonderlich zu bereichern. Ein eigentlicher Mensch, der etwas mehr in sich hat, als diesen ärmlichen Hausbedarf, wird sich freilich nicht so preisgeben, da es ohnedies vergeblich wäre, ihn aus Selbstbeschreibungen, auch aus den besten und geistvollsten, kennen lernen zu wollen. Von einem Charakter gibt es keine andre Erkenntnis als Anschauung. Ihr müßt selbst den Standpunkt finden, aus dem grade ihr das Ganze übersehn könnt, und müßt verstehn aus den Erscheinungen das Innere nach festen Gesetzen und sichern Ahndungen zu konstruieren. Für einen reellen Zweck ist also jenes Selbsterklären überflüssig. Und Offenheit in diesem Sinne zu fodern, ist ebenso anmaßend als unverständig. Wer dürfte sich selbst zerlegen, wie das Objekt einer anatomischen Vorlesung, das einzelne aus der Verbindung, in der es allein schön und verständlich ist, heraus-

reißen, und auch das Feinste und Zarteste mit Worten gleichsam ausprützen, daß es zur Ungestaltheit ausgedehnt wird? Das innere Leben verschwindet unter dieser Behandlung; sie ist der jämmerlichste Selbstmord. Der Mensch gebe sich selbst, wie ein Kunstwerk, welches im Freien ausgestellt jedem den Zutritt verstattet, und doch nur von denen genossen und verstanden wird, die Sinn und Studium mitbringen. Er stehe frei und bewege sich seiner Natur gemäß, ohne zu fragen, wer ihn ansieht und wie. Diese ruhige Unbefangenheit verdient eigentlich den Namen der Offenheit allein: denn offen ist, wo hinein jeder gehn kann, ohne daß etwas Gewalttätiges nötig wäre; versteht sich, daß er auch das, was nicht niet- und nagelfest ist, mit Achtung behandle. Mehr gehört nicht zu der Gastfreiheit die der Mensch innerhalb seines Gemüts beweisen muß: alles übrige ist nur in den Ergießungen und den Genüssen einer vertrauten Freundschaft nicht an der unrechten Stelle. Um diesen engeren Kreis erst zu finden, bedarf es freilich einer etwas zuvorkommendern Mitteilung, einer schamhaften, schüchtern versuchenden Offenheit, die hie und da durch einen kleinen Druck ihr innerstes Dasein mit seinen Springfedern erraten läßt, und ihre Tendenz zu Liebe und Freundschaft offenbart. Sie ist aber kein permanenter Zustand, sondern wie eine Wünschelrute schlägt sie nur da an, wo der Instinkt der Freundschaft seinen Schatz zu heben hofft. Über diese schmale Linie des sittlich Schönen werden liebenswürdige Seelen nur durch Mißverstand zu beiden Seiten etwas hinausgeführt. Durch mißlungene Versuche dieses schönen Instinkts zu jener interessanten Verschlossenheit, die sich nicht verstellen, sondern nur verbergen will, und die jeden, der das Vortreffliche zu ahnden weiß, so zauberisch intriguiert; durch sanguinische Hoffnungen und durch eine Reizbarkeit, welche auch von der geringsten Affinität in Bewegung gesetzt wird, zu jener naiven Herzlichkeit, welche, wie die Freimaurer, meint, daß wenigstens der erste Grad niemals zu vielen gegeben werden kann. Diese Erscheinungen sind erfreulich und interessant, weil sie noch an der Grenze des Besten liegen, und nur der Uneingeweihte wird sie mit Manieren verwechseln, die aus reiner Unfähigkeit hervorgehn. So wie man ein nicht verstandnes Buch lieber verleugnet, so sind viele nur deswegen verschlossen, weil sie den Fragen über sich selbst ausweichen wollen; und wie manche nicht für sich lesen können, ohne zugleich die Worte hören zu lassen, so können manche sich nicht anschaun, ohne immer zu sagen, was sie sehn. Diese Verschlossenheit aber ist ängstlich und kindisch verlegen, und diese nur scheinbare Offenheit kümmert sich nicht, ob jemand da ist und wer, sondern strömt ihren Stoff aus ins Weite und nach allen

Richtungen wie eine elektrische Spitze. Eine andre langweilige Offenheit, der mehr mit Hörern gedient ist, ist die der Enthusiasten die aus reinem Eifer für das Reich Gottes sich selbst vortragen, erläutern und übersetzen, weil sie glauben Normal-Seelen zu sein, an denen alles lehrreich und erbaulich ist. Heinrich Stilling mag leicht der vollkommenste unter diesen sein; und wie ist er nun ganz herunter? Mit dem was wir nur haben, können wir uns ohne so große Gefahr viel freigebiger zeigen. Erfahrungen und Erkenntnisse deren Erwerbung von lokalen und temporellen Verhältnissen abhängt, darf keiner nur für sich haben wollen; sie müssen für jeden rechtlichen Mann immer bereit liegen. Es gibt freilich eine nicht eben beneidenswerte Art, auch Meinungen, Gefühle und Grundsätze nur so zu haben, und mit wem es so steht, der hat natürlich für seine unbedeutende Offenheit einen weit größern Spielraum. Dagegen sind diejenigen sehr übel daran, bei denen Eigentümlichkeit des Sinnes und Charakters überall ins Spiel kommt. Ihnen muß man erlauben, auch mit dem was andren nur lose anzuhängen pflegt zurückhaltender zu sein, bis vollendete Kenntnis ihrer selbst und der andern ihnen den sichern Takt gibt, die Sache, worauf es den Leuten allein ankommt von ihrer individuellen Ansicht durchaus zu trennen und zu jedem Stoff, die ihnen fremde, jenen aber so erwünschte gemeine Form zu finden. So können Notizen und Urteile mitgeteilt werden, ohne auf Ideen hinzudeuten und Empfindungen zu profanieren; und die Heiligkeit des Gemüts kann bewahrt werden, ohne irgendeinem zu versagen, was ihm auch nur entfernt gebührt. Wer es dahin gebracht hätte, könnte für jeden offen sein, nach dem Maß, welches ihm zukommt. Jeder würde glauben, ihn zu haben und zu kennen, und nur der, der ihm gleich wäre, oder dem er es gäbe, würde ihn wirklich besitzen. [F. Schleiermacher]

[337] Arrogant ist, wer Sinn und Charakter zugleich hat, und sich dann und wann merken läßt, daß diese Verbindung gut und nützlich sei. Wer beides auch von den Weibern fodert, ist ein Weiberfeind. [F. Schleiermacher]

[338] Nur die äußerlich bildende und schaffende Kraft des Menschen ist veränderlich und hat ihre Jahreszeiten. Verändrung ist nur ein Wort für die physische Welt. Das Ich verliert nichts, und in ihm geht nichts unter; es wohnt mit allem, was ihm angehört, seinen Gedanken und Gefühlen, in der Burgfreiheit der Unvergänglichkeit. Verloren gehn kann nur das, was bald hierhin bald dorthin gelegt wird. Im Ich bildet sich alles organisch, und alles hat seine Stelle.

Was du verlieren kannst, hat dir noch nie angehört. Das gilt bis auf einzelne Gedanken. [F. Schleiermacher]

[339] Sinn der sich selbst sieht, wird Geist; Geist ist innre Geselligkeit, Seele ist verborgene Liebenswürdigkeit. Aber die eigentliche Lebenskraft der innern Schönheit und Vollendung ist das Gemüt. Man kann etwas Geist haben ohne Seele, und viel Seele bei weniger Gemüt. Der Instinkt der sittlichen Größe aber, den wir Gemüt nennen, darf nur sprechen lernen, so hat er Geist. Er darf sich nur regen und lieben, so ist er ganz Seele; und wann er reif ist, hat er Sinn für alles. Geist ist wie eine Musik von Gedanken; wo Seele ist, da haben auch die Gefühle Umriß und Gestalt, edles Verhältnis und reizendes Kolorit. Gemüt ist die Poesie der erhabenen Vernunft, und durch Vereinigung mit Philosophie und sittlicher Erfahrung entspringt aus ihm die namenlose Kunst, welche das verworrne flüchtige Leben ergreift und zur ewigen Einheit bildet.

[340] Was oft Liebe genannt wird, ist nur eine eigne Art von Magnetismus. Es fängt an mit einem beschwerlich kitzelnden *en rapport* Setzen, besteht in einer Desorganisation und endigt mit einem ekelhaften Hellsehen und viel Ermattung. Gewöhnlich ist auch einer dabei nüchtern. [F. Schleiermacher]

[341] Wer einen höheren Gesichtspunkt für sich selbst gefunden hat, als sein äußeres Dasein, kann auf einzelne Momente die Welt aus sich entfernen. So werden diejenigen, die sich selbst noch nicht gefunden haben, nur auf einzelne Momente wie durch einen Zauber in die Welt hineingerückt, ob sie sich etwa finden möchten. [F. Schleiermacher]

[342] Es ist schön, wenn ein schöner Geist sich selbst anlächelt, und der Augenblick, in welchem eine große Natur sich mit Ruhe und Ernst betrachtet, ist ein erhabener Augenblick. Aber das Höchste ist, wenn zwei Freunde zugleich ihr Heiligstes in der Seele des andern klar und vollständig erblicken, und ihres Wertes gemeinschaftlich froh ihre Schranken nur durch die Ergänzung des andern fühlen dürfen. Es ist die intellektuale Anschauung der Freundschaft.

[343] Wenn man ein interessantes philosophisches Phänomen, und dabei ein ausgezeichneter Schriftsteller ist, so kann man sicher auf den Ruhm eines großen Philosophen rechnen. Oft erhält man ihn auch ohne die letzte Bedingung.

[344] Philosophieren heißt die Allwissenheit gemeinschaftlich suchen.

[345] Es wäre zu wünschen, daß ein transzendentaler Linné die verschiedenen Ichs klassifizierte und eine recht genaue Beschreibung derselben allenfalls mit illuminierten Kupfern herausgäbe, damit das philosophierende Ich nicht mehr so oft mit dem philosophierten Ich verwechselt würde.

[346] Der gepriesne Salto mortale der Philosophen ist oft nur ein blinder Lärm. Sie nehmen in Gedanken einen erschrecklichen Anlauf und wünschen sich Glück zu der überstandnen Gefahr; sieht man aber nur etwas genau zu, so sitzen sie immer auf dem alten Fleck. Es ist Don Quixotes Luftreise auf dem hölzernen Pferde. Auch Jacobi scheint mir zwar nie ruhig werden zu können, aber doch immer da zu bleiben, wo er ist: in der Klemme zwischen zwei Arten von Philosophie, der systematischen und der absoluten, zwischen Spinosa und Leibniz, wo sich sein zarter Geist etwas wund gedrückt hat.

[347] Es ist noch ungleich gewagter, anzunehmen, daß jemand ein Philosoph sei, als zu behaupten, daß jemand ein Sophist sei: Soll das letzte nie erlaubt sein, so kann das erste noch weniger gelten.

[348] Es gibt Elegien von der heroisch kläglichen Art, die man so erklären könnte: es sind die Empfindungen der Jämmerlichkeit bei den Gedanken der Albernheit von den Verhältnissen der Plattheit zur Tollheit.

[349] Die Duldung hat keinen andern Gegenstand als das Vernichtende. Wer nichts vernichten will, bedarf gar nicht geduldet zu werden; wer alles vernichten will, soll nicht geduldet werden. In dem was zwischen beiden liegt, hat diese Gesinnung ihren ganz freien Spielraum. Denn wenn man nicht intolerant sein dürfte, wäre die Toleranz nichts. [F. Schleiermacher]

[350] Keine Poesie, keine Wirklichkeit. So wie es trotz aller Sinne ohne Fantasie keine Außenwelt gibt, so auch mit allem Sinn ohne Gemüt keine Geisterwelt. Wer nur Sinn hat, sieht keinen Menschen, sondern bloß Menschliches: dem Zauberstabe des Gemüts allein tut sich alles auf. Es setzt Menschen und ergreift sie; es schaut an wie das Auge ohne sich seiner mathematischen Operation bewußt zu sein. [F. Schleiermacher]

[351] Hast du je den ganzen Umfang eines andern mit allen seinen Unebenheiten berühren können, ohne ihm Schmerzen zu machen? Ihr braucht beide keinen weitern Beweis zu führen, daß ihr gebildete Menschen seid. [F. Schleiermacher]

[352] Es ist eine Dichtung der Geschichtschreiber der Natur, daß ihre plastischen Kräfte lange in vergeblichen Anstrengungen gearbeitet, und nachdem sie sich in Formen erschöpft hatten, die kein dauerndes Leben haben konnten, noch viele andre erzeugt worden wären, die zwar lebten, aber untergehn mußten, weil es ihnen an der Kraft fehlte sich fortzupflanzen. Die sich selbst bildende Kraft der Menschheit steht noch auf dieser Stufe. Wenige leben, und die meisten unter diesen haben nur ein vergängliches Dasein. Wenn sie ihr Ich in einem glücklichen Moment gefunden haben, so fehlt es ihnen doch an der Kraft es aus sich selbst wieder zu erzeugen. Der Tod ist ihr gewöhnlicher Zustand, und wenn sie einmal leben, glauben sie in eine andre Welt entzückt zu sein. [F. Schleiermacher]

[353] Jene Geschichte von einem Franzosen der alten Zeit, welcher seine Adelszeichen den Gerichten über gab, um sie wieder zu fodern, wenn er durch den Handel einiges Vermögen erlangt haben würde, ist eine Allegorie auf die Bescheidenheit. Wer den Ruhm dieser beliebten Tugend haben will, muß es mit seinem innern Adel ebenso machen. Er gebe ihn der gemeinen Meinung *ad depositum* und erwerbe sich dadurch ein Recht ihn wieder zu fodern, daß er mit Glück und Fleiß einen Speditionshandel treibt mit fremden Verdiensten, Talenten und Einfällen, feinem und Mittelgut, wie es jeder verlangt. [F. Schleiermacher]

[354] Wer Liberalität und Rigorismus verbinden wollte, bei dem müßte jene etwas mehr sein als Selbstverleugnung, und dieser etwas mehr als Einseitigkeit. Sollte das aber wohl erlaubt sein? [F. Schleiermacher]

[355] Jämmerlich ist freilich jene praktische Philosophie der Franzosen und Engländer, von denen man meint, sie wüßten so gut, was der Mensch sei, unerachtet sie nicht darüber spekulierten, was er sein solle. Jede organische Natur hat ihre Regel, ihr Sollen; und wer darum nicht weiß, wie kann der sie kennen? Woher nehmen sie denn den Einteilungsgrund ihrer naturhistorischen Beschreibungen und wonach messen sie den Menschen? Eben so gut sind sie aber doch als jene, die mit dem Sollen anfangen und endigen. Diese

wissen nicht, daß der sittliche Mensch aus eigner Kraft sich um seine Achse frei bewegt. Sie haben den Punkt außer der Erde gefunden, den nur ein Mathematiker suchen wollen kann, aber die Erde selbst verloren. Um zu sagen, was der Mensch soll, muß man einer sein, und es nebenbei auch wissen. [F. Schleiermacher]

[356] Die Welt kennen, heißt wissen, daß man nicht viel auf derselben bedeutet, glauben, daß kein philosophischer Traum darin realisiert werden kann, und hoffen, daß sie nie anders werden wird, höchstens nur etwas dünner. [F. Schleiermacher]

[357] Von einer guten Bibel fodert Lessing Anspielungen, Fingerzeige, Vorübungen; er billigt auch die Tautologien, welche den Scharfsinn üben, die Allegorien und Exempel, welche das Abstrakte lehrreich einkleiden; und er hat das Zutrauen, die geoffenbarten Geheimnisse seien bestimmt, im Vernunftwahrheiten ausgebildet zu werden. Welches Buch hätten die Philosophen nach diesem Ideal wohl schicklicher zu ihrer Bibel wählen können, als die »Kritik der reinen Vernunft«?

[358] Leibniz bedient sich einmal, indem er das Wesen und Tun einer Monade beschreibt, des merkwürdigen Ausdrucks: *Cela peut aller jusqu'au sentiment.* Dies möchte man auf ihn selbst anwenden. Wenn jemand die Physik universeller macht, sie als ein Stück Mathematik und diese als ein Charadenspiel behandelt, und dann sieht daß er die Theologie dazu nehmen muß, deren Geheimnisse seinen diplomatischen und deren verwickelte Streitfragen seinen chirurgischen Sinn anlocken: *cela peut aller jusqu' à la philosophie,* wenn er noch so viel Instinkt hat als Leibniz Aber eine solche Philosophie wird doch immer nur ein konfuses, unvollständiges Etwas bleiben, wie der Urstoff nach Leibniz sein soll, der nach Art der Genies die Form seines Innern einzelnen Gegenständen der Außenwelt anzudichten pflegt.

[359] Freundschaft ist partiale Ehe und Liebe ist Freundschaft von allen Seiten und nach allen Richtungen, universelle Freundschaft. Das Bewußtsein der notwendigen Grenzen ist das Unentbehrlichste und das Seltenste in der Freundschaft.

[360] Wenn eine Kunst die schwarze Kunst heißen sollte, so wäre es die, den Unsinn flüssig klar und beweglich zu machen, und ihn zur Masse zu bilden. Die Franzosen haben Meisterwerke der Gattung

aufzuweisen Alles große Unheil ist seinem innersten Grunde nach eine ernsthaft Fratze, eine *mauvaise plaisanterie.* Heil und Ehre also den Helden, die nicht müde werden, gegen die Torheit zu kämpfen, deren Unscheinbarstes oft den Keim zu einer endlosen Reihe ungeheurer Verwüstungen in sich trägt! Lessing und Fichte sind die Friedensfürsten der künftigen Jahrhunderte.

[361] Leibniz sieht die Existenz an wie eine Hofcharge, die man zu Lehn haben muß. Sein Gott ist nicht nur Lehnsherr der Existenz, sondern er besitzt auch als Regale allein Freiheit, Harmonie, synthetisches Vermögen. Ein fruchtbarer Beischlaf ist die Expedition eines Adelsdiploms für eine schlummernde Monade aus der göttlichen geheimen Kanzlei.

[362] Die Fertigkeit, zu einem gegebnen Zweck die Mittel zu finden, welche ihn, ohne Rücksicht auf etwas anders zu nehmen, am vollkommensten erreichen, und die, sie so zu wählen, daß nicht außer ihrer Beziehung auf den gegebnen Zweck noch etwas anders daraus erfolge, was entweder einen andern von unsern Zwecken hintertreibt, oder irgendeinen Gegenstand für die Zukunft von unsern Bestrebungen ausschließt, sind sehr unterschiedene Talente, obgleich die Sprache für beide nur das Wort Klugheit darbietet. Man sollte es nicht an jeden verschwenden, der sich nur in den gemeinsten Fällen des Schicklichen zu bemächtigen weiß, oder der sich durch kleinliche Selbstbeobachtung eine gewisse Menschenkenntnis erworben hat, die weder etwas Schweres noch etwas Rühmliches ist. Man denkt sich unter Klugheit doch etwas Bedeutendes und Wichtiges, und das Talent aus einer Musterkarte von Mitteln die zweckmäßigsten auszuwählen ist etwas so Geringfügiges, daß auch der gemeinste Verstand dazu hinreicht, und daß kaum etwas anders als leidenschaftliche Verblendung jemanden darin kann fehl gehen lassen. Sich für so ein Objekt mit einem so imposanten Wort in Unkosten zu stecken, lohnt wahrlich der Mühe nicht. Auch rechtfertigt es der Sprachgebrauch nicht. Man schreibt der Natur oder dem höchsten Wesen nie Klugheit zu, ungeachtet man in allen ihren Veranstaltungen dies Talent in einem hohen Grade preist. Es wäre daher besser, dies Wort für die zweite Eigenschaft allein aufzubewahren. Bei dem Streben nach einem Zweck zugleich auf alle wirklichen und möglichen Zwecke hinsehn, und die natürlichen Wirkungen, die eine jede Handlung nebenher haben kann, berechnen, das ist in der Tat etwas Großes, und was man nur von wenigen wird rühmen können. Daß man im gemeinen Sprachgebrauch wirklich so etwas unter Klugheit

versteht, geht auch aus dem Gefühl hervor, welches erregt wird, wenn man jemand mit einem gewissen Akzent als klug preist. Das erste ist, daß er uns imponiert, und das zweite, daß wir uns nach Wohlwollen und Ironie bei dem gerühmten Manne umsehn, und daß er uns verhaßt wird, wenn wir nicht beides antreffen. Das letzte dürfte eben so allgemein sein, als das erste und gewiß ist es auch, sobald man Klugheit in dieser Bedeutung nimmt, ebenso natürlich. Wir hoffen nämlich von jedem Menschen, daß wir ihn mehr oder weniger zu unsern Absichten werden gebrauchen können, und zugleich wünschen wir, daß er uns durch das freie Naturspiel seines Gemüts und durch absichtslose und unverwahrte Äußerungen ein Gegenstand des Wohlwollens und nach Gelegenheit auch ein Gegenstand für den Scherz oder den arglosen Spott werden möge. Bei andern Menschen sind wir ziemlich sicher beides allenfalls auch wider ihren Willen zu erlangen. Der ausgezeichnet Kluge aber, der seine Handlungen so abmißt, daß nichts dabei herauskommen kann, als was er selbst beabsichtigt, macht uns für beides bloß von seinem guten Willen abhängig; und wenn er nicht Wohlwollen besitzt, um mit Bewußtsein und Freiheit in die Absichten andrer hinein zu gehen, oder wenn es ihm an der Ironie fehlt, die ihn dahin bringen könnte, absichtlich sich aus seiner Klugheit herauszusetzen und sich mit Entsagung auf dieselbe als ein Naturwesen der Gesellschaft zum beliebigen Gebrauch hinzugeben: so ist es natürlich, daß wir die Stelle, die er in unserm Kreise einnimmt, von einem andern besetzt wünschen. [F. Schleiermacher]

[363] Das Geliebte zu vergöttern ist die Natur des Liebenden. Aber ein andres ist es, mit gespannter Imagination ein fremdes Bild unterschieben und eine reine Vollkommenheit anstaunen, die uns nur darum als solche erscheint, weil wir noch nicht gebildet genug sind, um die unendliche Fülle der menschlichen Natur zu begreifen, und die Harmonie ihrer Widersprüche zu verstehn. Laura war des Dichters Werk. Dennoch konnte die wirkliche Laura ein Weib sein, aus der ein nicht so einseitiger Schwärmer etwas weniger und etwas mehr als eine Heilige gemacht hätte.

[364] Idee zu einem Katechismus der Vernunft für edle Frauen. – Die zehn Gebote. 1) Du sollst keinen Geliebten haben neben ihm: aber du sollst Freundin sein können, ohne in das Kolorit der Liebe zu spielen und zu kokettieren oder anzubeten. 2) Du sollst dir kein Ideal machen, weder eines Engels im Himmel, noch eines Helden aus einem Gedicht oder Roman, noch eines selbstgeträumten oder

fantasierten; sondern du sollst einen Mann lieben, wie er ist. Denn sie die Natur, deine Herrin, ist eine strenge Gottheit, welche die Schwärmerei der Mädchen heimsucht an den Frauen bis ins dritte und vierte Zeitalter ihrer Gefühle. 3) Du sollst von den Heiligtümern der Liebe auch nicht das kleinste mißbrauchen: denn die wird ihr zartes Gefühl verlieren, die ihre Gunst entweiht und sich hingibt für Geschenke und Gaben, oder um nur in Ruhe und Frieden Mutter zu werden. 4) Merke auf den Sabbat deines Herzens, daß du ihn feierst, und wenn sie dich halten, so mache dich frei oder gehe zu Grunde. 5) Ehre die Eigentümlichkeit und die Willkür deiner Kinder, auf daß es ihnen wohlgehe, und sie kräftig leben auf Erden. 6) Du sollst nicht absichtlich lebendig machen. 7) Du sollst keine Ehe schließen, die gebrochen werden müßte. 8) Du sollst nicht geliebt sein wollen, wo du nicht liebst. 9) Du sollst nicht falsch Zeugnis ablegen für die Männer; du sollst ihre Barbarei nicht beschönigen mit Worten und Werken. 10) Laß dich gelüsten nach der Männer Bildung, Kunst, Weisheit und Ehre. – Der Glaube. 1) Ich glaube an die unendliche Menschheit, die da war, ehe sie die Hülle der Männlichkeit und der Weiblichkeit annahm. 2) Ich glaube, daß ich nicht lebe, um zu gehorchen oder um mich zu zerstreuen, sondern um zu sein und zu werden; und ich glaube an die Macht des Willens und der Bildung, mich dem Unendlichen wieder zu nähern, mich aus den Fesseln der Mißbildung zu erlösen, und mich von den Schranken des Geschlechts unabhängig zu machen. 3) Ich glaube an Begeisterung und Tugend, an die Würde der Kunst und den Reiz der Wissenschaft, an Freundschaft der Männer und Liebe zum Vaterlande, an vergangene Größe und künftige Veredlung. [F. Schleiermacher]

[365] Die Mathematik ist gleichsam eine sinnliche Logik, sie verhält sich zur Philosophie, wie die materiellen Künste, Musik und Plastik zur Poesie.

[366] Verstand ist mechanischer, Witz ist chemischer, Genie ist organischer Geist.

[367] Man glaubt Autoren oft durch Vergleichungen mit dem Fabrikwesen zu schmähen. Aber soll der wahre Autor nicht auch Fabrikant sein? Soll er nicht sein ganzes Leben dem Geschäft widmen, literarische Materie in Formen zu bilden, die auf eine große Art zweckmäßig und nützlich sind? Wie sehr wäre manchem Pfuscher

nur ein geringer Teil von dem Fleiß und der Sorgfalt zu wünschen, die wir an den gemeinsten Werkzeugen kaum noch achten!

[368] Es gab und gibt schon Ärzte, die über ihre Kunst zu philosophieren wünschen. Die Kaufleute allein machen nicht einmal diese Prätension und sind recht altfränkisch bescheiden.

[369] Der Deputierte ist etwas ganz anders als der Repräsentant. Repräsentant ist nur, wer das politische Ganze in seiner Person, gleichsam identisch mit ihm, darstellt, er mag nun gewählt sein oder nicht; er ist wie die sichtbare Weltseele des Staats. Diese Idee, welche offenbar nicht selten der Geist der Monarchien war, ist vielleicht nirgends so rein und konsequent ausgeführt wie zu Sparta. Die spartanischen Könige waren zugleich die ersten Priester, Feldherren und Präsidenten der öffentlichen Erziehung. Mit der eigentlichen Administration hatten sie wenig zu schaffen; sie waren eben nichts als Könige im Sinne jener Idee. Die Gewalt des Priesters, des Feldherrn und des Erziehers ist ihrer Natur nach unbestimmt, universell, mehr oder weniger ein rechtlicher Despotismus. Nur durch den Geist der Repräsentation kann er gemildert und legitimiert werden.

[370] Sollte nicht das eine absolute Monarchie sein, wo alles Wesentliche durch ein Kabinett im Geheim geschieht, und wo ein Parlament über die Formen mit Pomp öffentlich reden und streiten darf? Eine absolute Monarchie könnte sonach sehr gut eine Art von Konstitution haben, die Unverständigen wohl gar republikanisch schiene.

[371] Um den Unterschied der Pflichten gegen sich selbst und der Pflichten gegen andre zu bestimmen, dürften sich schwerlich andre Kennzeichen finden, als die welche jener einfältige Mensch für den der Tragödie und der Komödie angab. Lachst du dabei und bekommst du am Ende etwas, so nimms für eine Pflicht gegen dich selbst; ist dir das Weinen näher und bekommts ein andrer, so nimms für eine Pflicht gegen den Nächsten. Daß die ganze Einteilung am Ende darauf hinausläuft, und daß es auch ein ganz unmoralischer Unterschied ist, leuchtet ein. Es entsteht daraus die Ansicht als ob es zwei ganz verschiedne im Streit liegende Stimmungen gäbe, die entweder sorgfältig auseinander gehalten oder durch eine kleinliche Arithmetik künstlich verglichen werden müßten. Es entstehn daraus die Fantome von Hingebung, Aufopferung, Großmut und was alles für moralisches Unheil. Überhaupt ist die gesamte Moral aller Systeme eher jedes andre, nur nicht moralisch. [F. Schleiermacher]

[372] In den Werken der größten Dichter atmet nicht selten der Geist einer andern Kunst. Sollte dies nicht auch bei Malern der Fall sein; malt nicht Michelangelo in gewissem Sinn wie ein Bildhauer, Raffael wie ein Architekt, Correggio wie ein Musiker? Und gewiß würden sie darum nicht weniger Maler sein als Tizian, weil dieser bloß Maler war.

[373] Die Philosophie war bei den Alten *in ecclesia pressa,* die Kunst bei den Neuern; die Sittlichkeit aber war noch überall im Gedränge, die Nützlichkeit und die Rechtlichkeit mißgönnen ihr sogar die Existenz.

[374] Sieht man nicht auf Voltaires Behandlung, sondern bloß auf die Meinung des Buchs, das Weltall persiflieren sei Philosophie und eigentlich das Rechte: so kann man sagen, die französischen Philosophen machen es mit dem »Candide«, wie die Weiber mit der Weiblichkeit; sie bringen ihn überall an.

[375] Grade die Energie hat am wenigsten das Bedürfnis, zu zeigen, was sie kann. Fodern es die Umstände, so mag sie gern Passivität scheinen, und verkannt werden. Sie ist zufrieden, im Stillen zu wirken ohne Akkompagnement und ohne Gestikulation. Der Virtuose, der genialische Mensch will einen bestimmten Zweck durchsetzen, ein Werk bilden usw. Der energische Mensch benutzt immer nur den Moment, und ist überall bereit und unendlich biegsam. Er hat unermeßlich viel Projekte oder gar keins: denn Energie ist zwar mehr als bloße Agilität, es ist wirkende, bestimmt nach außen wirkende Kraft, aber universelle Kraft, durch die der ganze Mensch sich bildet und handelt.

[376] Die passiven Christen betrachten die Religion meistens aus einem medizinischen, die aktiven aus einem merkantilischen Gesichtspunkte.

[377] Hat der Staat denn ein Recht, Wechsel aus reiner Willkür gültiger zu heiligen, als andre Verträge, und dadurch diese ihrer Majestät zu entsetzen?

[378] Es ist nicht selten, daß jemand lange kalt scheint und heißt, der nachher bei außerordentlichen Veranlassungen durch die gewaltigsten Explosionen von Leidenschaft alles in Erstaunen setzt. Das ist der wahrhaft gefühlvolle Mensch, bei dem die ersten Eindrücke

nicht stark sind, aber lange nachwirken, tief ins Innre dringen, und im Stillen durch ihre eigne Kraft wachsen. Immer gleich zu reagieren ist das Kennzeichen der Schwäche, jenes innre Crescendo der Empfindungen ist die Eigenheit energischer Naturen. [F. Schleiermacher]

[379] Der Satan der italiänischen und engländischen Dichter mag poetischer sein: aber der deutsche Satan ist satanischer; und insofern könnte man sagen, der Satan sei eine deutsche Erfindung. Gewiß ist er ein Favorit deutscher Dichter und Philosophen. Er muß also wohl auch sein Gutes haben, und wenn sein Charakter in der unbedingten Willkürlichkeit und Absichtlichkeit, und in der Liebhaberei am Vernichten, Verwirren und Verführen besteht, so findet man ihn unstreitig nicht selten in der schönsten Gesellschaft. Aber sollte man sich bisher nicht in den Dimensionen vergriffen haben? Ein großer Satan hat immer etwas Ungeschlachtes, und Vierschrötiges; er paßt höchstens nur für die Prätensionen auf Ruchlosigkeit solcher Karikaturen, die nichts können und mögen, als Verstand affektieren. Warum fehlen die Satanisken in der christlichen Mythologie? Es gibt vielleicht kein angemeßneres Wort und Bild für gewisse Bosheiten *en miniature,* deren Schein die Unschuld liebt; und für jene reizend groteske Farbenmusik des erhabensten und zartesten Mutwillens, welche die Oberfläche der Größe so gern zu umspielen pflegt. Die alten Amorinen sind nur eine andre Race dieser Satanisken.

[380] Vorlesen und Deklamieren ist nicht einerlei. Dieses erfodert den richtig höchsten, jenes einen gemäßigten Ausdruck. Deklamation gehört für die Ferne, nicht in das Zimmer. Die laute Stimme zu welcher sie sich, um den gehörigen Wechsel hervorzubringen, erhöhen muß, beleidigt ein feines Gehör. Alle Wirkung geht in der Betäubung verloren. Mit Gestikulation verbunden wird sie widrig wie alle Demonstrationen heftiger Leidenschaft. Die gebildete Empfindung kann sie nur in solcher Entfernung ertragen, die gleichsam wieder einen Schleier über sie wirft. Der Ton, statt sich zu erheben, muß, um die Wirkung durch ein andres Mittel hervorzubringen, gedämpft, in der Tiefe gehalten und der Akzent nur so bezeichnet werden, daß das Verstehen dessen was man liest angedeutet wird, ohne das Gelesene ganz auszudrücken. Bei epischen Gedichten und dem Roman insbesondre sollte der Vorleser nie von seinem Gegenstande hingerissen scheinen, sondern die stille Superiorität des Verfassers selbst behaupten, der über seinem Werke ist. Überhaupt

wäre es sehr nötig das Vorlesen zu üben, damit es allgemeiner eingeführt würde, und sehr nötig es einzuführen, um es desto besser zu üben. Bei uns bleibt die Poesie wenigstens stumm und wer denn doch zum Beispiel den »Wilhelm Meister« nie laut gelesen oder lesen gehört hätte, der hat diese Musik nur in den Noten studiert. [A.W. Schlegel]

[381] Viele der ersten Stifter der modernen Physik müssen gar nicht als Philosophen, sondern als Künstler betrachtet werden.

[382] Der Instinkt spricht dunkel und bildlich. Wird er mißverstanden, so entsteht eine falsche Tendenz. Das widerfährt Zeitaltern und Nationen nicht seltener als Individuen.

[383] Es gibt eine Art von Witz, den man wegen seiner Gediegenheit, Ausführlichkeit und Symmetrie den architektonischen nennen möchte. Äußert er sich satirisch, so gibt das die eigentlichen Sarkasmen. Er muß ordentlich systematisch sein, und doch auch wieder nicht; bei aller Vollständigkeit muß dennoch etwas zu fehlen scheinen, wie abgerissen. Dieses Barocke dürfte wohl eigentlich den großen Styl im Witz erzeugen. Es spielt eine wichtige Rolle in der Novelle: denn eine Geschichte kann doch nur durch eine solche einzig schöne Seltsamkeit ewig neu bleiben. Dahin scheint die wenig verstandne Absicht der »Unterhaltungen der Ausgewanderten« zu gehn. Wunder nimmts gewiß niemand, daß der Sinn für reine Novellen fast nicht mehr existiert. Doch wäre es nicht übel, ihn wieder zu erwecken, da man unter andern die Form der Shakespeareschen Dramen ohne das wohl nie begreifen wird.

[384] Jeder Philosoph hat seine veranlassende Punkte, die ihn nicht selten real beschränken, an die er sich akkomodiert usw. Da bleiben denn dunkle Stellen im System für den, welcher es isoliert, und die Philosophie nicht historisch und im Ganzen studiert. Manche verwickelte Streitfragen der modernen Philosophie sind wie die Sagen und Götter der alten Poesie. Sie kommen in jedem System wieder, aber immer verwandelt.

[385] In den Handlungen und Bestimmungen, welche der gesetzgebenden, ausübenden oder richterlichen Gewalt zur Erreichung ihrer Zwecke unentbehrlich sind, kommt oft etwas absolut Willkürliches vor, welches unvermeidlich ist, und sich aus dem Begriff jener Gewalten nicht ableiten läßt, wozu sie also für sich nicht berechtigt

scheinen. Ist die Befugnis dazu nicht etwa von der konstitutiven Gewalt entlehnt, die daher auch notwendig ein Veto haben müßte, nicht bloß ein Recht des Interdikts? Geschehn nicht alle absolut willkürlichen Bestimmungen im Staat kraft der konstitutiven Gewalt?

[386] Der platte Mensch beurteilt alle andre Menschen wie Menschen, behandelt sie aber wie Sachen, und begreift es durchaus nicht, daß sie andre Menschen sind als er.

[387] Man betrachtet die kritische Philosophie immer so als ob sie vom Himmel gefallen wäre. Sie hätte auch ohne Kant in Deutschland entstehn müssen, und es auf viele Weisen können. Doch ists so besser.

[388] Transzendental ist was in der Höhe ist, sein soll und kann: transzendent ist, was in die Höhe will, und nicht kann oder nicht soll. Es wäre Lästerung und Unsinn zu glauben, die Menschheit könne ihren Zweck überschreiten, ihre Kräfte überspringen, oder die Philosophie dürfe irgend etwas nicht, was sie will und also soll.

[389] Wenn jede rein willkürliche oder rein zufällige Verknüpfung von Form und Materie grotesk ist: so hat auch die Philosophie Grotesken wie die Poesie; nur weiß sie weniger darum, und hat den Schlüssel zu ihrer eignen esoterischen Geschichte noch nicht finden können. Sie hat Werke, die ein Gewebe von moralischen Dissonanzen sind, aus denen man die Desorganisation lernen könnte, oder wo die Konfusion ordentlich konstruiert und symmetrisch ist. Manches philosophische Kunstchaos der Art hat Festigkeit genug gehabt, eine gotische Kirche zu überleben. In unserem Jahrhundert hat man auch in den Wissenschaften leichter gebaut, obgleich nicht weniger grotesk. Es fehlt der Literatur nicht an chinesischen Gartenhäusern. So zum Beispiel die engländische Kritik, die doch nichts enthält, als eine Anwendung der Philosophie des gesunden Menschenverstandes, die selbst nur eine Versetzung der Naturphilosophie und Kunstphilosophie ist, auf die Poesie ohne Sinn für die Poesie. Denn von Sinn für die Poesie findet sich in Harris, Home und Johnson, den Koryphäen der Gattung, auch nicht die schamhafteste Andeutung.

[390] Es gibt rechtliche und angenehme Leute, die den Menschen und das Leben so betrachten und besprechen, als ob von der besten Schafzucht oder vom Kaufen und Verkaufen der Güter die Rede

wäre. Es sind die Ökonomen der Moral, und eigentlich behält wohl alle Moral ohne Philosophie auch bei großer Welt und hoher Poesie immer einen gewissen illiberalen und ökonomischen Anstrich. Einige Ökonomen bauen gern, andre flicken lieber, andre müssen immer etwas bringen, andre treiben, andre versuchen alles, und halten sich überall an, andre legen immer zurecht und machen Fächer, andre sehen zu und machen nach. Alle Nachahmer in der Poesie und Philosophie sind eigentlich verlaufne Ökonomen. Jeder Mensch hat seinen ökonomischen Instinkt, der gebildet werden muß, so gut wie auch die Orthographie und die Metrik gelernt zu werden verdienen. Aber es gibt ökonomische Schwärmer und Pantheisten, die nichts achten als die Notdurft und sich über nichts freuen als über ihre Nützlichkeit. Wo sie hinkommen, wird alles platt und handwerksmäßig, selbst die Religion, die Alten und die Poesie, die auf ihrer Drechselbank nichts edler ist als Flachshecheln.

[391] Lesen heißt den philologischen Trieb befriedigen, sich selbst literarisch affizieren. Aus reiner Philosophie oder Poesie ohne Philologie kann man wohl nicht lesen.

[392] Viele musikalische Kompositionen sind nur Übersetzungen des Gedichts in die Sprache der Musik.

[393] Um aus den Alten ins Moderne vollkommen übersetzen zu können, müßte der Übersetzer desselben so mächtig sein, daß er allenfalls alles Moderne machen könnte; zugleich aber das Antike so verstehn, daß ers nicht bloß nachmachen, sondern allenfalls wiederschaffen könnte.

[394] Es ist ein großer Irrtum, den Witz bloß auf die Gesellschaft einschränken zu wollen. Die besten Einfälle machen durch ihre zermalmende Kraft ihren unendlichen Gehalt und ihre klassische Form oft einen unangenehmen Stillstand im Gespräch. Eigentlichen Witz kann man sich doch nur geschrieben denken, wie Gesetze; man muß seine Produkte nach dem Gewicht würdigen, wie Caesar die Perlen und Edelsteine in der Hand sorgfältig gegeneinander abwog. Der Wert steigt mit der Größe ganz unverhältnismäßig; und manche, die bei einem enthusiastischen Geist und barockem Äußern, noch beseelte Akzente, frisches Kolorit und eine gewisse krystallne Durchsichtigkeit haben, die man mit dem Wasser der Diamanten vergleichen möchte, sind gar nicht mehr zu taxieren.

[395] In der wahren Prosa muß alles unterstrichen sein.

[396] Karikatur ist eine passive Verbindung des Naiven und Grotesken. Der Dichter kann sie ebensowohl tragisch als komisch gebrauchen.

[397] Da die Natur und die Menschheit sich so oft und so schneidend widersprechen, darf die Philosophie es vielleicht nicht vermeiden, dasselbe zu tun.

[398] Der Mystizismus ist die mäßigste und wohlfeilste aller philosophischen Rasereien. Man darf ihm nur einen einzigen absoluten Widerspruch kreditieren, er weiß alle Bedürfnisse damit zu bestreiten und kann noch großen Luxus treiben.

[399] Polemische Totalität ist zwar eine notwendige Folge aus der Annahme und Foderung unbedingter Mitteilbarkeit und Mitteilung, und kann wohl die Gegner vollkommen vernichten, ohne jedoch die Philosophie ihres Eigentümers hinreichend zu legitimieren, so lange sie bloß nach Außen gerichtet ist. Nur wenn sie auch auf das Innere angewandt wäre, wenn eine Philosophie ihren Geist selbst kritisierte, und ihren Buchstaben auf dem Schleifstein und mit der Feile der Polemik selbst bildete, könnte sie zu logischer Korrektheit führen.

[400] Es gibt noch gar keinen Skeptizismus, der den Namen verdient. Ein solcher müßte mit der Behauptung und Foderung unendlich vieler Widersprüche anfangen und endigen. Daß Konsequenz in ihm vollkommne Selbstvernichtung nach sich ziehen würde, ist nichts Charakteristisches. Das hat diese logische Krankheit mit aller Unphilosophie gemein. Respekt vor der Mathematik, und Appellieren an den gesunden Menschenverstand sind die diagnostischen Zeichen des halben unechten Skeptizismus.

[401] Um jemand zu verstehn, der sich selbst nur halb versteht, muß man ihn erst ganz und besser als er selbst, dann aber auch nur halb und grade so gut wie er selbst verstehn.

[402] Bei der Frage von der Möglichkeit, die alten Dichter zu übersetzen, kömmts eigentlich darauf an, ob das treu aber in das reinste Deutsch Übersetzte nicht etwa immer noch griechisch sei.

Nach dem Eindruck auf die Laien, welche am meisten Sinn und Geist haben, zu urteilen, sollte man das vermuten.

[403] Die echte Rezension sollte die Auflösung einer kritischen Gleichung, das Resultat und die Darstellung eines philologischen Experiments und einer literarischen Recherche sein.

[404] Zur Philologie muß man geboren sein, wie zur Poesie und zur Philosophie. Es gibt keinen Philologen ohne Philologie in der ursprünglichsten Bedeutung des Worts, ohne grammatisches Interesse. Philologie ist ein logischer Affekt, das Seitenstück der Philosophie, Enthusiasmus für chemische Erkenntnis: denn die Grammatik ist doch nur der philosophische Teil der universellen Scheidungs- und Verbindungskunst. Durch die kunstmäßige Ausbildung jenes Sinns entsteht die Kritik, deren Stoff nur das Klassische und schlechthin Ewige sein kann, was nie ganz verstanden werden mag: sonst würden die Philologen, an deren meisten man die gewöhnlichsten und sichersten Merkmale der unwissenschaftlichen Virtuosität wahrnimmt, ihre Geschicklichkeit ebenso gern an jedem andern Stoff zeigen als an den Werken des Altertums, für das sie in der Regel weder Interesse noch Sinn haben. Doch ist diese notwendige Beschränktheit um so weniger zu tadeln oder zu beklagen, da auch hier die künstlerische Vollendung allein zur Wissenschaft führen, und die bloße formelle Philologie einer materialen Altertumslehre und einer humanen Geschichte der Menschheit nähern muß. Besser als eine sogenannte Anwendung der Philosophie auf die Philologie im gewöhnlichen Styl derer, welche die Wissenschaften mehr kompilieren als kombinieren. Die einzige Art, die Philosophie auf die Philologie oder, welches noch weit nötiger ist, die Philologie auf die Philosophie anzuwenden, ist, wenn man zugleich Philolog und Philosoph ist. Doch auch ohne das kann die philologische Kunst ihre Ansprüche behaupten. Sich ausschließlich der Entwicklung eines ursprünglichen Triebes zu widmen, ist so würdig und so weise, wie das Beste und das Höchste, was der Mensch nur immer zum Geschäft seines Lebens wählen kann.

[405] Die Mildtätigkeit ist die schmähliche Tugend die es in Romanen und Schauspielen immer ausbüßen muß, wenn gemeine Natur zum edlen Charakter erhoben, oder gar wie in Kotzebues Stücken anderweitige Schlechtigkeit wieder gut gemacht werden soll. Warum benutzt man nicht die wohltätige Stimmung des Augenblicks, und

läßt den Klingelbeutel im Schauspielhause umhergehn? [A.W. Schlegel]

[406] Wenn jedes unendliche Individuum Gott ist, so gibts so viele Götter als Ideale. Auch ist das Verhältnis des wahren Künstlers und des wahren Menschen zu seinen Idealen durchaus Religion. Wem dieser innre Gottesdienst Ziel und Geschäft des ganzen Lebens ist, der ist Priester, und so kann und soll es jeder werden.

[407] Das wichtigste Stück der guten Lebensart ist die Dreistigkeit, sie denen absichtlich andichten zu können, von denen man weiß, daß sie sie nicht haben: das schwerste ist, unter der Hülle der allgemeinen guten Sitte die eigentümliche Gemeinheit zu ahnden und zu erraten. [F. Schleiermacher]

[408] Niedliche Gemeinheit und gebildete Unart heißt in der Sprache des feinen Umgangs Delikatesse.

[409] Um sittlich zu heißen, müssen Empfindungen nicht bloß schön, sondern auch weise, im Zusammenhange ihres Ganzen zweckmäßig, im höchsten Sinne schicklich sein.

[410] Alltäglichkeit, Ökonomie ist das notwendige Supplement aller nicht schlechthin universellen Naturen. Oft verliert sich das Talent und die Bildung ganz in diesem umgebenden Element.

[411] Das wissenschaftliche Ideal des Christianismus ist eine Charakteristik der Gottheit mit unendlich vielen Variationen.

[412] Ideale die sich für unerreichbar halten, sind eben darum nicht Ideale, sondern mathematische Fantome des bloß mechanischen Denkens. Wer Sinn fürs Unendliche hat, und weiß was er damit will, sieht in ihm das Produkt sich ewig scheidender und mischender Kräfte, denkt sich seine Ideale wenigstens chemisch, und sagt, wenn er sich entschieden ausdrückt, lauter Widersprüche. So weit scheint die Philosophie des Zeitalters gekommen zu sein; nicht aber die Philosophie der Philosophie: denn auch chemische Idealisten haben doch nicht selten nur ein einseitiges mathematisches Ideal des Philosophierens. Ihre Thesen darüber sind ganz wahr d.h. philosophisch: aber die Antithesen dazu fehlen. Eine Physik der Philosophie scheint noch nicht an der Zeit zu sein, und nur der vollendete Geist könnte Ideale organisch denken.

[413] Ein Philosoph muß von sich selbst reden so gut wie ein lyrischer Dichter.

[414] Gibts eine unsichtbare Kirche, so ist es die jener großen Paradoxie, die von der Sittlichkeit unzertrennlich ist, und von der bloß philosophischen noch sehr unterschieden werden muß. Menschen, die so ekzentrisch sind, im vollen Ernst tugendhaft zu sein und zu werden, verstehn sich überall, finden sich leicht, und bilden eine stille Opposition gegen die herrschende Unsittlichkeit, die eben für Sittlichkeit gilt. Ein gewisser Mystizismus des Ausdrucks, der bei einer romantischen Fantasie und mit grammatischem Sinn verbunden, etwas sehr Reizendes und etwas sehr Gutes sein kann, dient ihnen oft als Symbol ihrer schönen Geheimnisse.

[415] Sinn für Poesie oder Philosophie hat der, für den sie ein Individuum ist.

[416] Zur Philosophie gehören, je nach dem man es nimmt, entweder gar keine oder alle Sachkenntnisse.

[417] Man soll niemanden zur Philosophie verführen oder bereden wollen.

[418] Auch nach den gewöhnlichsten Ansichten ist es Verdienst genug, um einen Roman berühmt zu machen, wenn ein durchaus neuer Charakter darin auf eine interessante Art dargestellt und ausgeführt wird. Dies Verdienst hat »William Lovell« unleugbar, und daß alles Nebenwerk und Gerüste darin gemein oder mißglückt ist, wie der große Machinist im Hintergrunde des Ganzen, daß das Ungewöhnliche darin oft nur ein umgekehrtes Gewöhnliches ist, hätte ihm wohl nicht geschadet: aber der Charakter war unglücklicherweise poetisch. Lovell ist wie seine nur etwas zu wenig unterschiedene Variation Balder ein vollkommner Fantast in jedem guten und in jedem schlechten, in jedem schönen und in jedem häßlichen Sinne des Worts. Das ganze Buch ist ein Kampf der Prosa und der Poesie, wo die Prosa mit Füßen getreten wird und die Poesie über sich selbst den Hals bricht. Übrigens hat es den Fehler mancher ersten Produkte: es schwankt zwischen Instinkt und Absicht, weil es von beiden nicht genug hat. Daher die Wiederholungen, wodurch die Darstellung der erhabenen Langenweile zuweilen in Mitteilung übergehn kann. Hier liegt der Grund, warum die absolute Fantasie in diesem Roman auch von Eingeweihten der Poesie verkannt und

als bloß sentimental verachtet werden mag, während dem vernünftigen Leser, der für sein Geld mäßig gerührt zu werden verlangt, das Sentimentale darin keineswegs zusagt und sehr furios dünkt. So tief und ausführlich hat Tiek vieleicht noch keinen Charakter wieder dargestellt. Aber der »Sternbald« vereinigt den Ernst und Schwung des »Lovell« mit der künstlerischen Religiosität des »Klosterbruders« und mit allem was in den poetischen Arabesken, die er aus alten Märchen gebildet, im ganzen genommen das Schönste ist: die fantastische Fülle und Leichtigkeit, der Sinn für Ironie, und besonders die absichtliche Verschiedenheit und Einheit des Kolorits. Auch hier ist alles klar und transparent, und der romantische Geist scheint angenehm über sich selbst zu fantasieren.

[419] Die Welt ist viel zu ernsthaft, aber der Ernst ist doch selten genug. Ernst ist das Gegenteil von Spiel. Der Ernst hat einen bestimmten Zweck, den wichtigsten unter allen möglichen; er kann nicht tändeln und kann sich nicht täuschen; er verfolgt sein Ziel unermüdet bis er es ganz erreicht hat. Dazu gehört Energie, Geisteskraft von schlechthin unbegrenzter Extension und Intension. Gibt es keine absolute Höhe und Weite für den Menschen, so ist das Wort Größe in sittlicher Bedeutung überflüssig. Ernst ist Größe in Handlung. Groß ist was zugleich Enthusiasmus und Genialität hat, was zugleich göttlich und vollendet ist. Vollendet ist, was zugleich natürlich und künstlich ist. Göttlich ist was aus der Liebe zum reinen ewigen Sein und Werden quillt, die höher ist als alle Poesie und Philosophie. Es gibt eine ruhige Göttlichkeit ohne die zermalmende Kraft des Helden und die bildende Tätigkeit des Künstlers. Was zugleich göttlich, vollendet und groß ist, ist vollkommen.

[420] Ob eine gebildete Frau, bei der von Sittlichkeit die Frage sein kann, verderbt oder rein sei, läßt sich vielleicht sehr bestimmt entscheiden. Folgt sie der allgemeinen Tendenz, ist Energie des Geistes und des Charakters, die äußre Erscheinung derselben und was eben durch sie gilt, ihr Eins und Alles, so ist sie verderbt. Kennt sie etwas Größeres als die Größe, kann sie über ihre natürliche Neigung zur Energie lächeln, ist sie mit einem Worte des Enthusiasmus fähig, so ist sie unschuldig im sittlichen Sinne. In dieser Rücksicht kann man sagen, alle Tugend des Weibes sei Religion. Aber daß die Frauen gleichsam mehr an Gott oder an Christus glauben müßten, als die Männer, daß irgendeine gute und schöne Freigeisterei ihnen weniger zieme als den Männern, ist wohl nur eine von den unendlich vielen gemeingeltenden Plattheiten, die Rousseau in ein ordentliches

System der Weiblichkeitslehre verbunden hat, in welchem der Unsinn so ins reine gebracht und ausgebildet war, daß es durchaus allgemeinen Beifall finden mußte.

[421] Der große Haufen liebt Friedrich Richters Romane vielleicht nur wegen der anscheinenden Abenteuerlichkeit. Überhaupt interessiert er wohl auf die verschiedenste Art und aus ganz entgegengesetzten Ursachen. Während der gebildete Ökonom edle Tränen in Menge bei ihm weint, und der strenge Künstler ihn als das blutrote Himmelszeichen der vollendeten Unpoesie der Nation und des Zeitalters haßt, kann sich der Mensch von universeller Tendenz an den grotesken Porzellanfiguren seines wie Reichstruppen zusammengetrommelten Bilderwitzes ergötzen, oder die Willkürlichkeit in ihm vergöttern. Ein eignes Phänomen ist es; ein Autor, der die Anfangsgründe der Kunst nicht in der Gewalt hat, nicht ein Bonmot rein ausdrücken, nicht eine Geschichte gut erzählen kann, nur so was man gewöhnlich gut erzählen nennt, und dem man doch schon um eines solchen humoristischen Dithyrambus willen, wie der Adamsbrief des trotzigen, kernigen, prallen, herrlichen Leibgeber, den Namen eines großen Dichters nicht ohne Ungerechtigkeit absprechen dürfte. Wenn seine Werke auch nicht übermäßig viel Bildung enthalten, so sind sie doch gebildet: das Ganze ist wie das Einzelne und umgekehrt; kurz, er ist fertig. Es ist ein großer Vorzug des »Siebenkäs«, daß die Ausführung und Darstellung darin noch am besten ist; ein weit größerer, daß so wenig Engländer darin sind. Freilich sind seine Engländer am Ende auch Deutsche, nur in idyllischen Verhältnissen und mit sentimentalen Namen: indessen haben sie immer eine starke Ähnlichkeit mit Louvets Polen und gehören mit zu den falschen Tendenzen, deren er so viele hat. Dahin gehören auch die Frauen, die Philosophie, die Jungfrau Maria, die Zierlichkeit, die idealischen Visionen und die Selbstbeurteilung. Seine Frauen haben rote Augen und sind Exempel, Gliederfrauen zu psychologischmoralischen Reflexionen über die Weiblichkeit oder über die Schwärmerei. Überhaupt läßt er sich fast nie herab, die Personen darzustellen; genug daß er sie sich denkt, und zuweilen eine treffende Bemerkung über sie sagt. So hält ers mit den passiven Humoristen, den Menschen, die eigentlich nur humoristische Sachen sind: die aktiven erscheinen auch selbständiger, aber sie haben eine zu starke Familienähnlichkeit unter sich und mit dem Autor, als daß man ihnen dies für ein Verdienst anrechnen dürfte. Sein Schmuck besteht in bleiernen Arabesken im Nürnberger Styl. Hier ist die an Armut grenzende Monotonie seiner Fantasie und seines Geistes am auffal-

lendsten: aber hier ist auch seine anziehende Schwerfälligkeit zu Hause, und seine pikante Geschmacklosigkeit, an der nur das zu tadeln ist, daß er nicht um sie zu wissen scheint. Seine Madonna ist eine empfindsame Küstersfrau, und Christus erscheint wie ein aufgeklärter Kandidat. Je moralischer seine poetischen Rembrandts sind, desto mittelmäßiger und gemeiner; je komischer, je näher dem Bessern; je dithyrambischer und je kleinstädtischer, desto göttlicher: denn seine Ansicht des Kleinstädtischen ist vorzüglich gottesstädtisch. Seine humoristische Poesie sondert sich immer mehr von seiner sentimentalen Prosa; oft erscheint sie gleich eingestreuten Liedern als Episode, oder vernichtet als Appendix das Buch. Doch zerfließen ihm immer noch zu Zeiten gute Massen in das allgemeine Chaos.

[422] Mirabeau hat eine große Rolle in der Revolution gespielt, weil sein Charakter und sein Geist revolutionär war; Robespierre, weil er der Revolution unbedingt gehorchte, sich ihr ganz hingab, sie anbetete, und sich für den Gott derselben hielt; Buonaparte, weil er Revolutionen schaffen und bilden, und sich selbst annihilieren kann.

[423] Sollte der jetzige französische Nationalcharakter nicht eigentlich mit dem Kardinal Richelieu anfangen? Seine seltsame und beinah abgeschmackte Universalität erinnert an viele der merkwürdigsten französischen Phänomene nach ihm.

[424] Man kann die Französische Revolution als das größte und merkwürdigste Phänomen der Staatengeschichte betrachten, als ein fast universelles Erdbeben, eine unermeßliche Überschwemmung in der politischen Welt; oder als ein Urbild der Revolutionen, als die Revolution schlechthin. Das sind die gewöhnlichen Gesichtspunkte. Man kann sie aber auch betrachten als den Mittelpunkt und den Gipfel des französischen Nationalcharakters, wo alle Paradoxien desselben zusammengedrängt sind; als die furchtbarste Groteske des Zeitalters, wo die tiefsinnigsten Vorurteile und die gewaltsamsten Ahndungen desselben in ein grauses Chaos gemischt, zu einer ungeheuren Tragikomödie der Menschheit so bizarr als möglich verwebt sind. Zur Ausführung dieser historischen Ansichten findet man nur noch einzelne Züge.

[425] Die erste Regung der Sittlichkeit ist Opposition gegen die positive Gesetzlichkeit und konventionelle Rechtlichkeit, und eine grenzenlose Reizbarkeit des Gemüts. Kommt dazu noch die selbständigen und starken Geistern so eigne Nachlässigkeit, und die Heftig-

keit und Ungeschicklichkeit der Jugend, so sind Ausschweifungen unvermeidlich, deren nicht zu berechnende Folgen oft das ganze Leben vergiften. So geschiehts, daß der Pöbel die für Verbrecher oder Exempel der Unsittlichkeit hält, welche für den wahrhaft sittlichen Menschen zu den höchst seltnen Ausnahmen gehören, die er als Wesen seiner Art, als Mitbürger seiner Welt betrachten kann. Wer denkt hiebei nicht an Mirabeau und Chamfort?

[426] Es ist natürlich, daß die Franzosen etwas dominieren im Zeitalter. Sie sind eine chemische Nation, der chemische Sinn ist bei ihnen am allgemeinsten erregt, und sie machen ihre Versuche auch in der moralischen Chemie immer im Großen. Das Zeitalter ist gleichfalls ein chemisches Zeitalter. Revolutionen sind universelle nicht organische, sondern chemische Bewegungen. Der große Handel ist die Chemie der großen Ökonomie; es gibt wohl auch eine Alchemie der Art. Die chemische Natur des Romans, der Kritik, des Witzes, der Geselligkeit, der neuesten Rhetorik und der bisherigen Historie leuchtet von selbst ein. Ehe man nicht zu einer Charakteristik des Universums und zu einer Einteilung der Menschheit gelangt ist, muß man sich nur mit Notizen über den Grundton und einzelne Manieren des Zeitalters begnügen lassen, ohne den Riesen auch nur silhouettieren zu können. Denn wie wollte man ohne jene Vorkenntnisse bestimmen, ob das Zeitalter wirklich ein Individuum, oder vielleicht nur ein Kollisionspunkt andrer Zeitalter sei; wo es bestimmt anfange und endige? Wie wäre es möglich, die gegenwärtige Periode der Welt richtig zu verstehen und zu interpungieren, wenn man nicht wenigstens den allgemeinen Charakter der nächstfolgenden antizipieren dürfte? Nach der Analogie jenes Gedankens würde auf das chemische ein organisches Zeitalter folgen, und dann dürften die Erdbürger des nächsten Sonnenumlaufs wohl bei weitem nicht so groß von uns denken wie wir selbst, und vieles was jetzt bloß angestaunt wird, nur für nützliche Jugendübungen der Menschheit halten.

[427] Eine sogenannte Recherche ist ein historisches Experiment. Der Gegenstand und das Resultat desselben ist ein Faktum. Was ein Faktum sein soll, muß strenge Individualität haben, zugleich ein Geheimnis und ein Experiment sein, nämlich ein Experiment der bildenden Natur. Geheimnis und Mysterie ist alles was nur durch Enthusiasmus und mit philosophischem poetischem oder sittlichem Sinn aufgefaßt werden kann.

[428] Auch die Sprache begegnet der Sittlichkeit schlecht. Sie ist nirgends so roh und arm, als wo es auf die Bezeichnung sittlicher Begriffe ankommt. Zum Beispiel nehme ich die drei Charaktere, die sich aus den verschiedenen Verbindungen zwischen Zweck und Mittel konstruieren lassen. Es gibt Menschen, denen unter der Hand alles was sie als Mittel behandeln, zum Zweck wird. Sie widmen sich einer Wissenschaft um ihr Glück zu machen, und werden von den Reizen derselben gefesselt. Sie suchen einen Anhänger derselben auf, und sie fangen an ihn zu lieben. Sie besuchen seine Zirkel um mit ihm zu sein, und sie werden die leidenschaftlichsten Mitglieder derselben. Sie schreiben, oder treiben schöne Künste, oder kleiden sich besser, um in diesen Zirkeln zu gefallen, und ehe man sich versieht, finden sie unabhängig von Gefallen und Mißfallen in ihren Schreibereien, in ihrem Kunststudium, in ihrer Eleganz einen innigen Genuß. Dies ist ein sehr bestimmter Charakter der sich überall leicht erkennen läßt; hat aber die Sprache einen Namen dafür? Ein großer Kreis von verschiedenen Tätigkeiten wird auf diese Art durchlaufen, und die Sprache vergönnt auch ihn deswegen veränderlich oder vielseitig zu nennen: das ist aber nur ein Teil von den Erscheinungen dieser Denkungsart, welchen sie mit manchen andern gemein hat. Menschen von dieser Art machen den endlichen Raum vom gegenwärtigen Augenblick bis zur Erreichung eines gewissen Zweckes zu einer unendlichen und ins Unendliche geteilten Größe. Wem diese Fertigkeit das Endliche als etwas Unendliches zu behandeln, immer liebenswürdig erscheint, möchte sie so nennen: aber dies ist nur die Beschreibung eines Eindrucks. Für das Wesen dieses Charakters, von dem Interesse für etwas als Mittel in ein unmittelbares Interesse leicht und oft überzugehn, hat die Sprache kein Zeichen. Es gibt andre Menschen, welche den entgegengesetzten Weg gehn, und sehr leicht das, was ihnen anfangs Zweck war, nur als Mittel für etwas andres behandeln; die wenn sie einen Schriftsteller leidenschaftlich gelesen haben, mit einer Charakteristik desselben endigen, wenn sie eine Wissenschaft lange getrieben haben, sich bald zur Philosophie der Wissenschaft erheben, und selbst wenn eine persönliche Anhänglichkeit sie fesselt, in Gefahr sind, eine zärtliche Verbindung als Mittel zu behandeln, um eine neue Ansicht der menschlichen Natur zu gewinnen, oder über die Liebe aus eignen Experimenten zu philosophieren. Nenne mir das jemand auf Deutsch! Von den Wirkungen und dem Eindruck eines solchen Charakters zu reden, ist wohlfeil: daß es groß ist, das Endliche wegzuwerfen, weil man auf das Unendliche losgeht, daß es originell ist, Schranken umzureißen, wo andere hängen bleiben, neue Bahnen zu eröffnen, wo andere

einen geschloßnen Kreis zu sehen glauben, große Leidenschaften in reißendem Fluge zu durchlaufen, und große Kunstwerke gleichsam im Vorbeigehn aufzubaun; denn das sind die natürlichen Äußerungen eines solchen Charakters, wenn er nicht erlischt; dies zu malen, hat die Sprache nicht Mangel an Worten. Es gibt einen dritten Charakter, der beide vereinigt, der so lange er einen Zweck vor Augen hat, alles wieder zum Zweck macht, was in das System desselben gehört, bei diesem endlichen Genuß dennoch das Höherstreben nicht vergißt und mitten auf seinen Riesenschritten immer wieder zu jenem zurückkehrt. Er verbindet das Talent, seine eignen Grenzen leicht zu finden, und nichts zu wollen, als was man kann, mit dem, seine Endzwecke mit den Kräften zugleich zu erweitern: die Weisheit und ruhige Resignation des in sich gekehrten Gemüts, mit der Energie eines äußerst elastischen und expansibeln Geistes, der durch die geringste Öffnung, die sich darbietet, entweicht, um in einem Augenblick einen weit größern Kreis als den bisherigen auszufüllen. Er macht nie einen vergeblichen Versuch, den erkannten Schranken des Augenblicks zu entweichen, und glüht dabei doch von Sehnsucht, sich weiter auszudehnen; er widerstrebt nie dem Schicksal, aber er fodert es in jedem Augenblick auf, ihm eine Erweiterung seines Daseins anzuweisen; er hat immer alles im Auge, was ein Mensch nur werden kann und zu werden wünschen mag, aber strebt nie nach etwas, bis der günstige Moment erschienen ist. Daß ein solcher Charakter ein vollendetes praktisches Genie wäre, daß bei ihm alles Absicht und alles Instinkt, alles Willkür und alles Natur sein würde, das kann man sagen, aber ein Wort, um das Wesen dieses Charakters zu bezeichnen, wird vergebens gesucht. [F. Schleiermacher]

[429] Wie die Novelle in jedem Punkt ihres Seins und ihres Werdens neu und frappant sein muß, so sollte vielleicht das poetische Märchen und vorzüglich die Romanze unendlich bizarr sein; denn sie will nicht bloß die Fantasie interessieren, sondern auch den Geist bezaubern und das Gemüt reizen; und das Wesen des Bizarren scheint eben in gewissen willkürlichen und seltsamen Verknüpfungen und Verwechslungen des Denkens, Dichtens und Handelns zu bestehn. Es gibt eine Bizarrerie der Begeisterung, die sich mit der höchsten Bildung und Freiheit verträgt, und das Tragische nicht bloß verstärkt, sondern verschönert und gleichsam vergöttlicht; wie in Goethes »Braut von Korinth«, die Epoche in der Geschichte der Poesie macht. Das Rührende darin ist zerreißend und doch verfüh-

rerisch lockend. Einige Stellen könnte man fast bürlesk nennen, und eben in diesen erscheint das Schreckliche zermalmend groß.

[430] Es gibt unvermeidliche Lagen und Verhältnisse, die man nur dadurch liberal behandeln kann, daß man sie durch einen kühnen Akt der Willkür verwandelt und durchaus als Poesie betrachtet. Also sollen alle gebildete Menschen im Notfalle Poeten sein können, und daraus läßt sich ebenso gut folgern, daß der Mensch von Natur ein Poet sei, daß es eine Naturpoesie gebe, als umgekehrt.

[431] Opfre den Grazien, heißt, wenn es einem Philosophen gesagt wird, so viel als: Schaffe dir Ironie und bilde dich zur Urbanität.

[432] Bei manchen, besonders historischen Werken von Umfang, die im einzelnen überall sehr anziehend und schön geschrieben sind, empfindet man dennoch im ganzen eine unangenehme Monotonie. Um dies zu vermeiden, mußte Kolorit und Ton und selbst der Styl sich verändern und in den verschiedenen großen Massen des Ganzen auffallend verschieden sein, wodurch das Werk nicht bloß mannichfaltiger, sondern auch systematischer werden würde. Es leuchtet ein, daß eine solche regelmäßige Abwechslung nicht das Werk des Zufalls sein könne, daß der Künstler hier ganz bestimmt wissen müsse, was er wolle, um es machen zu können; aber es leuchtet auch ein, daß es voreilig sei, die Poesie oder die Prosa Kunst zu nennen, ehe sie dahin gelangt sind, ihre Werke vollständig zu konstruieren. Daß das Genie dadurch überflüssig gemacht werde, steht nicht zu besorgen, da der Sprung vom anschaulichsten Erkennen und klaren Sehen dessen, was hervorgebracht werden soll, bis zum Vollenden immer unendlich bleibt.

[433] Das Wesen des poetischen Gefühls liegt vielleicht darin, daß man sich ganz aus sich selbst affizieren, über Nichts in Affekt geraten und ohne Veranlassung fantasieren kann. Sittliche Reizbarkeit ist mit einem gänzlichen Mangel an poetischem Gefühl sehr gut vereinbar.

[434] Soll denn die Poesie schlechthin eingeteilt sein? oder soll sie die eine und unteilbare bleiben? oder wechseln zwischen Trennung und Verbindung? Die meisten Vorstellungsarten vom poetischen Weltsystem sind noch so roh und kindisch, wie die ältern vom astronomischen vor Kopernikus. Die gewöhnlichen Einteilungen der Poesie sind nur totes Fachwerk für einen beschränkten Horizont.

Was einer machen kann, oder was eben gilt, ist die ruhende Erde im Mittelpunkt. Im Universum der Poesie selbst aber ruht nichts, alles wird und verwandelt sich und bewegt sich harmonisch; und auch die Kometen haben unabänderliche Bewegungsgesetze. Ehe sich aber der Lauf dieser Gestirne nicht berechnen, ihre Wiederkunft nicht vorherbestimmen läßt, ist das wahre Weltsystem der Poesie noch nicht entdeckt.

[435] Einige Grammatiker scheinen den Grundsatz des alten Völkerrechts, daß jeder Fremde ein Feind sei, in die Sprache einführen zu wollen. Aber ein Autor, der auch ohne ausländische Worte fertig zu werden weiß, wird sich immer berechtigt halten dürfen, sie zu brauchen, wo der Charakter der Gattung selbst ein Kolorit der Universalität fodert oder wünscht; und ein historischer Geist wird sich immer für alte Worte, die so oft nicht bloß mehr Erfahrung und Verstand, sondern auch mehr Lebenskraft und Einheit haben, als viele sogenannte Menschen oder Grammatiker, mit Ehrfurcht und Liebe interessieren und sie bei Gelegenheit gern verjüngen.

[436] Ganz ohne Rücksicht auf den Inhalt ist der Fürstenspiegel sehr schätzbar als ein Muster des guten Tons in geschriebner Konversation, wie die deutsche Prosa nur wenige aufzuweisen hat, aus denen der Autor, der die Philosophie und das gesellschaftliche Leben *en rapport* setzen will, lernen muß, wie man das Dekorum der Konvention zum Anstand der Natur adelt. So sollte eigentlich jeder schreiben können, der Veranlassung findet, etwas drucken zu lassen, ohne darum eben ein Autor sein zu wollen.

[437] Wie kann eine Wissenschaft auf wissenschaftliche Strenge und Vollendung Anspruch machen, die meistens *in usum delphini* oder nach dem System der gelegenheitlichen Ursachen angeordnet und eingeteilt ist, wie die Mathematik?

[438] Urbanität ist der Witz der harmonischen Universalität, und diese ist das Eins und Alles der historischen Philosophie und Platos höchste Musik. Die Humaniora sind die Gymnastik dieser Kunst und Wissenschaft.

[439] Eine Charakteristik ist ein Kunstwerk der Kritik, ein *visum repertum* der chemischen Philosophie. Eine Rezension ist eine angewandte und anwendende Charakteristik, mit Rücksicht auf den gegenwärtigen Zustand der Literatur und des Publikums. Übersichten,

literarische Annalen sind Summen oder Reihen von Charakteristiken. Parallelen sind kritische Gruppen. Aus der Verknüpfung beider entspringt die Auswahl der Klassiker, das kritische Weltsystem für eine gegebne Sphäre der Philosophie oder der Poesie.

[440] Alle reine uneigennützige Bildung ist gymnastisch oder musikalisch; sie geht auf Entwicklung der einzelnen und auf Harmonie aller Kräfte. Die griechische Dichotomie der Erziehung ist mehr als eine von den Paradoxien des Altertums.

[441] Liberal ist wer von allen Seiten und nach allen Richtungen wie von selbst frei ist und in seiner ganzen Menschheit wirkt; wer alles, was handelt, ist und wird, nach dem Maß seiner Kraft heilig hält, und an allem Leben Anteil nimmt, ohne sich durch beschränkte Ansichten zum Haß oder zur Geringschätzung desselben verführen zu lassen.

[442] Philosophische Juristen nennen sich auch solche, die neben ihren andern Rechten, die oft so unrechtlich sind, auch ein Naturrecht haben, welches nicht selten noch unrechtlicher ist.

[443] Die Deduktion eines Begriffs ist die Ahnenprobe seiner echten Abstammung von der intellektuellen Anschauung seiner Wissenschaft. Denn jede Wissenschaft hat die ihrige.

[444] Es pflegt manchem seltsam und lächerlich aufzufallen, wenn die Musiker von den Gedanken in ihren Kompositionen reden; und oft mag es auch so geschehen, daß man wahrnimmt, sie haben mehr Gedanken in ihrer Musik als über dieselbe. Wer aber Sinn für die wunderbaren Affinitäten aller Künste und Wissenschaften hat, wird die Sache wenigstens nicht aus dem platten Gesichtspunkt der sogenannten Natürlichkeit betrachten, nach welcher die Musik nur die Sprache der Empfindung sein soll, und eine gewisse Tendenz aller reinen Instrumentalmusik zur Philosophie an sich nicht unmöglich finden. Muß die reine Instrumentalmusik sich nicht selbst einen Text erschaffen? und wird das Thema in ihr nicht so entwickelt, bestätigt, variiert und konstrastiert, wie der Gegenstand der Meditation in einer philosophischen Ideenreihe?

[445] Die Dynamik ist die Größenlehre der Energie, welche in der Astronomie auf die Organisation des Universums angewandt wird. Insofern könnte man beide eine historische Mathematik nennen.

Die Algebra erfordert am meisten Witz und Enthusiasmus, nämlich mathematischen.

[446] Der konsequente Empirismus endigt mit Beiträgen zur Ausgleichung der Mißverständnisse oder mit einer Subskription auf die Wahrheit.

[447] Die unechte Universalität ist entweder theoretisch oder praktisch. Die theoretische ist die Universalität eines schlechten Lexikons, einer Registratur. Die praktische entsteht aus der Totalität der Einmischung.

[448] Die intellektualen Anschauungen der Kritik sind das Gefühl von der unendlich feinen Analyse der griechischen Poesie und das von der unendlich vollen Mischung der römischen Satire und der römischen Prosa.

[449] Wir haben noch keinen moralischen Autor, welcher den Ersten der Poesie und Philosophie verglichen werden könnte. Ein solcher müßte die erhabene antiquarische Politik Müllers mit Forsters großer Ökonomie des Universums und mit Jacobis sittlicher Gymnastik und Musik verknüpfen, und auch in der Schreibart den schweren, ehrwürdigen und begeisterten Styl des ersten, mit dem frischen Kolorit, der liebenswürdigen Zartheit des zweiten, und mit der überall wie ferne Harmonika der Geisterwelt antönenden gebildeten Fühlbarkeit des dritten verbinden.

[450] Rousseaus Polemik gegen die Poesie ist doch nur eine schlechte Nachahmung des Plato. Plato hat es mehr gegen die Poeten als gegen die Poesie; er hielt die Philosophie für den kühnsten Dithyrambus und für die einstimmigste Musik. Epikur ist eigentlicher Feind der schönen Kunst: denn er will die Fantasie ausrotten und sich bloß an den Sinn halten. Auf eine ganz andre Art könnte Spinosa ein Feind der Poesie scheinen; weil er zeigt, wie weit man mit Philosophie und Moralität ohne Poesie kommen kann, und weil es sehr im Geist seines Systems liegt, die Poesie nicht zu isolieren.

[451] Universalität ist Wechselsättigung aller Formen und aller Stoffe. Zur Harmonie gelangt sie nur durch Verbindung der Poesie und der Philosophie: auch den universellsten vollendetsten Werken der isolierten Poesie und Philosophie scheint die letzte Synthese zu fehlen; dicht am Ziel der Harmonie bleiben sie unvollendet stehn.

Das Leben des universellen Geistes ist eine ununterbrochne Kette innerer Revolutionen; alle Individuen, die ursprünglichen, ewigen nämlich leben in ihm. Er ist echter Polytheist und trägt den ganzen Olymp in sich.

Ideen

[1] Die Foderungen und Spuren einer Moral, die mehr wäre als der praktische Teil der Philosophie, werden immer lauter und deutlicher. Sogar von Religion ist schon die Rede. Es ist Zeit den Schleier der Isis zu zerreißen, und das Geheime zu offenbaren. Wer den Anblick der Göttin nicht ertragen kann fliehe oder verderbe.

[2] Ein Geistlicher ist, wer nur im Unsichtbaren lebt, für wen alles Sichtbare nur die Wahrheit einer Allegorie hat.

[3] Nur durch Beziehung aufs Unendliche entsteht Gehalt und Nutzen; was sich nicht darauf bezieht, ist schlechthin leer und unnütz.

[4] Die Religion ist die allbelebende Weltseele der Bildung, das vierte unsichtbare Element zur Philosophie, Moral und Poesie, welches gleich dem Feuer, wo es gebunden ist, in der Stille allgegenwärtig wohltut, und nur durch Gewalt und Reiz von außen in furchtbare Zerstörung ausbricht.

[5] Der Sinn versteht etwas nur dadurch, daß er es als Keim in sich aufnimmt, es nährt und wachsen läßt bis zur Blüte und Frucht. Also heiligen Samen streuet in den Boden des Geistes, ohne Künstelei und müßige Ausfüllungen.

[6] Das ewige Leben und die unsichtbare Welt ist nur in Gott zu suchen. In ihm leben alle Geister, er ist ein Abyssus von Individualität, das einzige unendlich Volle.

[7] Laßt die Religion frei, und es wird eine neue Menschheit beginnen.

[8] Der Verstand, sagt der Verfasser der Reden über die Religion, weiß nur vom Universum; die Fantasie herrsche, so habt ihr einen Gott. Ganz recht, die Fantasie ist das Organ des Menschen für die Gottheit.

[9] Der wahre Geistliche fühlt immer etwas Höheres als Mitgefühl.

[10] Ideen sind unendliche, selbständige, immer in sich bewegliche, göttliche Gedanken.

[11] Nur durch Religion wird aus Logik Philosophie, nur daher kommt alles was diese mehr ist als Wissenschaft. Und statt einer ewig vollen unendlichen Poesie werden wir ohne sie nur Romane haben, oder die Spielerei, die man jetzt schöne Kunst nennt.

[12] Gibt es eine Aufklärung? So dürfte nur das heißen, wenn man ein Prinzip im Geist des Menschen, wie das Licht in unserm Weltsystem ist, zwar nicht durch Kunst hervorbrächte, aber doch mit Willkür in freie Tätigkeit setzen könnte.

[13] Nur derjenige kann ein Künstler sein, welcher eine eigne Religion, eine originelle Ansicht des Unendlichen hat.

[14] Die Religion ist nicht bloß ein Teil der Bildung, ein Glied der Menschheit, sondern das Zentrum aller übrigen, überall das Erste und Höchste, das schlechthin Ursprüngliche.

[15] Jeder Begriff von Gott ist leeres Geschwätz. Aber die Idee der Gottheit ist die Idee aller Ideen.

[16] Der Geistliche bloß als solcher ist es nur in der unsichtbaren Welt. Wie kann er erscheinen unter den Menschen? Er wird nichts wollen auf der Erde, als das Endliche zum Ewigen bilden, und so muß er, mag auch sein Geschäft Namen haben wie es will, ein Künstler sein und bleiben.

[17] Wenn die Ideen Götter werden, so wird das Bewußtsein der Harmonie Andacht, Demut und Hoffnung.

[18] Den Geist des sittlichen Menschen muß Religion überall umfließen, wie sein Element, und dieses lichte Chaos von göttlichen Gedanken und Gefühlen nennen wir Enthusiasmus.

[19] Genie zu haben, ist der natürliche Zustand des Menschen; gesund mußte auch er aus der Hand der Natur kommen, und da Liebe für die Frauen ist, was Genie für den Mann, so müssen wir uns das goldene Zeitalter als dasjenige denken, wo Liebe und Genie allgemein waren.

[20] Künstler ist ein jeder, dem es Ziel und Mitte des Daseins ist, seinen Sinn zu bilden.

[21] Es ist der Menschheit eigen, daß sie sich über die Menschheit erheben muß.

[22] Was tun die wenigen Mystiker die es noch gibt? – Sie bilden mehr oder weniger das rohe Chaos der schon vorhandnen Religion. Aber nur einzeln, im Kleinen, durch schwache Versuche. Tut es im Großen von allen Seiten mit der ganzen Masse, und laßt uns alle Religionen aus ihren Gräbern wecken, und die unsterblichen neu beleben und bilden durch die Allmacht der Kunst und Wissenschaft.

[23] Tugend ist zur Energie gewordne Vernunft.

[24] Die Symmetrie und Organisation der Geschichte lehrt uns, daß die Menschheit, so lange sie war und wurde, wirklich schon ein Individuum, eine Person war und wurde. In dieser großen Person der Menschheit ist Gott Mensch geworden.

[25] Das Leben und die Kraft der Poesie besteht darin, daß sie aus sich herausgeht, ein Stück von der Religion losreißt, und dann in sich zurückgeht, indem sie es sich aneignet. Ebenso ist es auch mit der Philosophie.

[26] Witz ist die Erscheinung, der äußre Blitz der Fantasie. Daher seine Göttlichkeit, und das Witzähnliche der Mystik.

[27] Platos Philosophie ist eine würdige Vorrede zur künftigen Religion.

[28] Der Mensch ist ein schaffender Rückblick der Natur auf sich selbst.

[29] Frei ist der Mensch, wenn er Gott hervorbringt oder sichtbar macht, und dadurch wird er unsterblich.

[30] Die Religion ist schlechthin unergründlich. Man kann in ihr überall ins Unendliche immer tiefer graben.

[31] Die Religion ist die zentripetale und zentrifugale Kraft im menschlichen Geiste, und was beide verbindet.

[32] Ob denn das Heil der Welt von den Gelehrten zu erwarten sei? Ich weiß es nicht. Aber Zeit ist es, daß alle Künstler zusammentreten als Eidgenossen zu ewigem Bündnis.

[33] Das Moralische einer Schrift liegt nicht im Gegenstande, oder im Verhältnis des Redenden zu den Angeredeten, sondern im Geist der Behandlung. Atmet dieser die ganze Fülle der Menschheit, so ist sie moralisch. Ist sie nur das Werk einer abgesonderten Kraft und Kunst, so ist sie es nicht.

[34] Wer Religion hat, wird Poesie reden. Aber um sie zu suchen und zu entdecken, ist Philosophie das Werkzeug.

[35] Wie die Feldherrn der Alten zu den Kriegern vor der Schlacht redeten, so sollte der Moralist zu den Menschen in dem Kampf des Zeitalters reden.

[36] Jeder vollständige Mensch hat einen Genius. Die wahre Tugend ist Genialität.

[37] Das höchste Gut und das allein Nützliche ist die Bildung.

[38] In der Welt der Sprache, oder welches ebenso viel heißt, in der Welt, der Kunst und der Bildung, erscheint die Religion notwendig als Mythologie oder als Bibel.

[39] Die Pflicht der Kantianer verhält sich zu dem Gebot der Ehre, der Stimme des Berufs und der Gottheit in uns, wie die getrocknete Pflanze zur frischen Blume am lebenden Stamme.

[40] Ein bestimmtes Verhältnis zur Gottheit muß dem Mystiker so unerträglich sein, wie eine bestimmte Ansicht, ein Begriff derselben.

[41] Nichts ist mehr Bedürfnis der Zeit, als ein geistiges Gegengewicht gegen die Revolution, und den Despotismus, welchen sie durch die Zusammendrängung des höchsten weltlichen Interesse über die Geister ausübt. Wo sollen wir dieses Gegengewicht suchen und finden? Die Antwort ist nicht schwer; unstreitig in uns, und wer da das Zentrum der Menschheit ergriffen hat, der wird eben da zugleich auch den Mittelpunkt der modernen Bildung und die Harmonie aller bis jetzt abgesonderten und streitenden Wissenschaften und Künste gefunden haben.

[42] Glaubt man den Philosophen, so ist das was wir Religion nennen, nur eine absichtlich populäre oder aus Instinkt kunstlose Philosophie. Die Dichter scheinen sie eher für eine Abart von Poesie zu halten, die ihr eignes schönes Spiel verkennend sich selbst zu ernsthaft und einseitig nimmt. Doch gesteht und erkennet die Philosophie schon, daß sie nur mit Religion anfangen und sich selbst vollenden könne, und die Poesie will nur nach dem Unendlichen streben und verachtet weltliche Nützlichkeit und Kultur, welches die eigentlichen Gegensätze der Religion sind. Der ewige Friede unter den Künstlern ist also nicht mehr fern.

[43] Was die Menschen unter den andern Bildungen der Erde, das sind die Künstler unter den Menschen.

[44] Gott erblicken wir nicht, aber überall erblicken wir Göttliches; zunächst und am eigentlichsten jedoch in der Mitte eines sinnvollen Menschen, in der Tiefe eines lebendigen Menschenwerks. Die Natur, das Universum kannst du unmittelbar fühlen, unmittelbar denken; nicht also die Gottheit. Nur der Mensch unter Menschen kann göttlich dichten und denken und mit Religion leben. Sich selbst kann niemand auch nur seinem Geiste direkter Mittler sein, weil dieser schlechthin Objekt sein muß, dessen Zentrum der Anschauende außer sich setzt. Man wählt und setzt sich den Mittler, aber man kann sich nur den wählen und setzen, der sich schon als solchen gesetzt hat. Ein Mittler ist derjenige, der Göttliches in sich wahrnimmt, und sich selbst vernichtend preisgibt, um dieses Göttliche zu verkündigen, mitzuteilen, und darzustellen allen Menschen in Sitten und Taten, in Worten und Werken. Erfolgt dieser Trieb nicht, so war das Wahrgenommene nicht göttlich oder nicht eigen. Vermitteln und Vermitteltwerden ist das ganze höhere Leben des Menschen, und jeder Künstler ist Mittler für alle übrigen.

[45] Ein Künstler ist, wer sein Zentrum in sich selbst hat. Wem es da fehlt, der muß einen bestimmten Führer und Mittler außer sich wählen, natürlich nicht auf immer sondern nur fürs erste. Denn ohne lebendiges Zentrum kann der Mensch nicht sein, und hat er es noch nicht in sich, so darf er es nur in einem Menschen suchen, und nur ein Mensch und dessen Zentrum kann das seinige reizen und wecken.

[46] Poesie und Philosophie sind, je nachdem man es nimmt, verschiedne Sphären, verschiedne Formen, oder auch die Faktoren der Religion.

Denn versucht es nur beide wirklich zu verbinden, und ihr werdet nichts anders erhalten als Religion.

[47] Gott ist jedes schlechthin Ursprüngliche und Höchste, also das Individuum selbst in der höchsten Potenz. Aber sind nicht auch die Natur und die Welt Individuen?

[48] Wo die Philosophie aufhört, muß die Poesie anfangen. Einen gemeinen Standpunkt, eine nur im Gegensatz der Kunst und Bildung natürliche Denkart, ein bloßes Leben soll es gar nicht geben; d.h. es soll kein Reich der Rohheit jenseits der Grenzen der Bildung gedacht werden. Jedes denkende Glied der Organisation fühle seine Grenzen nicht ohne seine Einheit in der Beziehung aufs Ganze. Man soll der Philosophie zum Beispiel nicht bloß die Unphilosophie, sondern die Poesie entgegensetzen.

[49] Dem Bunde der Künstler einen bestimmten Zweck geben, das heißt ein dürftiges Institut an die Stelle des ewigen Vereins setzen; das heißt die Gemeinde der Heiligen zum Staat erniedrigen.

[50] Ihr staunt über das Zeitalter, über die gärende Riesenkraft, über die Erschütterungen, und wißt nicht welche neue Geburten ihr erwarten sollt. Versteht euch doch und beantwortet euch die Frage, ob wohl etwas in der Menschheit geschehen könne, was nicht seinen Grund in ihr selbst habe. Muß nicht alle Bewegung aus der Mitte kommen, und wo liegt die Mitte? – Die Antwort ist klar, und also deutet auch die Erscheinung auf eine große Auferstehung der Religion, eine allgemeine Metamorphose. Die Religion an sich zwar ist ewig, sich selbst gleich und unveränderlich wie die Gottheit; aber eben darum erscheint sie immer neu gestaltet und verwandelt.

[51] Wir wissen nicht was ein Mensch sei, bis wir aus dem Wesen der Menschheit begreifen, warum es Menschen gibt, die Sinn und Geist haben, andre denen sie fehlen.

[52] Als Repräsentant der Religion aufzutreten, das ist noch frevelhafter wie eine Religion stiften zu wollen.

[53] Keine Tätigkeit ist so menschlich wie die bloß ergänzende, verbindende, befördernde.

[54] Der Künstler darf ebenso wenig herrschen als dienen wollen. Er kann nur bilden, nichts als bilden, für den Staat also nur das tun, daß er Herrscher und Diener bilde, daß er Politiker und Ökonomen zu Künstlern erhebe.

[55] Zur Vielseitigkeit gehört nicht allein ein weitumfassendes System, sondern auch Sinn für das Chaos außerhalb desselben, wie zur Menschheit der Sinn für ein Jenseits der Menschheit.

[56] Wie die Römer die einzige Nation, die ganz Nation war, so ist unser Zeitalter das erste wahre Zeitalter.

[57] Die Fülle der Bildung wirst du in unsrer höchsten Poesie finden, aber die Tiefe der Menschheit suche du bei dem Philosophen.

[58] Auch die sogenannten Volkslehrer, die der Staat angestellt hat, sollen wieder Priester werden und geistlich gesinnt; aber sie können es nur dadurch, daß sie sich an die höhere Bildung anschließen.

[59] Nichts ist witziger und grotesker als die alte Mythologie und das Christentum; das macht, weil sie so mystisch sind.

[60] Grade die Individualität ist das Ursprüngliche und Ewige im Menschen; an der Personalität ist so viel nicht gelegen. Die Bildung und Entwicklung dieser Individualität als höchsten Beruf zu treiben, wäre ein göttlicher Egoismus.

[61] Man redet schon lange von einer Allmacht des Buchstabens, ohne recht zu wissen was man sagt. Es ist Zeit daß es Ernst damit werde, daß der Geist erwache und den verlornen Zauberstab wieder ergreife.

[62] Man hat nur so viel Moral, als man Philosophie und Poesie hat.

[63] Die eigentliche Zentralanschauung des Christentums ist die Sünde.

[64] Durch die Künstler wird die Menschheit ein Individuum, indem sie Vorwelt und Nachwelt in der Gegenwart verknüpfen. Sie sind das höhere Seelenorgan, wo die Lebensgeister der ganzen äußern Menschheit zusammentreffen und in welchem die innere zunächst wirkt.

[65] Nur durch die Bildung wird der Mensch, der es ganz ist, überall menschlich und von Menschheit durchdrungen.

[66] Die ursprünglichen Protestanten wollten treuherzig nach der Schrift leben und Ernst machen, und alles andre vernichten.

[67] Religion und Moral sind sich symmetrisch entgegengesetzt, wie Poesie und Philosophie.

[68] Euer Leben bildet nur menschlich, so habt ihr genug getan: aber die Höhe der Kunst und die Tiefe der Wissenschaft werdet ihr nie erreichen ohne ein Göttliches.

[69] Ironie ist klares Bewußtsein der ewigen Agilität, des unendlich vollen Chaos.

[70] Musik ist der Moral verwandter, Historie der Religion: denn Rhythmus ist die Idee der Musik, die Historie aber geht aufs Primitive.

[71] Nur diejenige Verworrenheit ist ein Chaos, aus der eine Welt entspringen kann.

[72] Vergeblich sucht ihr in dem was ihr Ästhetik nennt die harmonische Fülle der Menschheit, Anfang und Ende der Bildung. Versucht es die Elemente der Bildung und der Menschheit zu erkennen und betet sie an, vor allen das Feuer.

[73] Es gibt keinen Dualismus ohne Primat; so ist auch die Moral der Religion nicht gleich sondern untergeordnet.

[74] Verbindet die Extreme, so habt ihr die wahre Mitte.

[75] Als schönste Blüte der besondern Organisation ist Poesie sehr lokal; die Philosophie verschiedner Planeten mag nicht so sehr verschieden sein.

[76] Moralität ohne Sinn für Paradoxie ist gemein.

[77] Ehre ist die Mystik der Rechtlichkeit.

[78] Alles Denken des religiösen Menschen ist etymologisch, ein Zurückführen aller Begriffe auf die ursprüngliche Anschauung, auf das Eigentümliche.

[79] Es gibt nur Einen Sinn, und in dem Einen liegen alle; der geistigste ist der ursprüngliche, die andern sind abgeleitet.

[80] Hier sind wir einig, weil wir eines Sinnes sind; hier aber nicht, weil es mir oder dir an Sinn fehlt. Wer hat recht, und wie können wir eins werden? Nur durch die Bildung, die jeden besondern Sinn zu dem allgemeinen unendlichen erweitert; und durch den Glauben an diesen Sinn, oder an die Religion sind wir es schon jetzt, noch ehe wir es werden.

[81] Jede Beziehung des Menschen aufs Unendliche ist Religion, nämlich des Menschen in der ganzen Fülle seiner Menschheit. Wenn der Mathematiker das unendlich Große berechnet; das ist freilich nicht Religion. Das Unendliche in jener Fülle gedacht, ist die Gottheit.

[82] Man lebt nur insofern man nach seinen eignen Ideen lebt. Die Grundsätze sind nur Mittel, der Beruf ist Zweck an sich.

[83] Nur durch die Liebe und durch das Bewußtsein der Liebe wird der Mensch zum Menschen.

[84] Nach der Sittlichkeit zu streben ist wohl der schlechteste Zeitvertreib, die Übungen in der Gottseligkeit ausgenommen. Könnt ihr euch eine Seele, einen Geist angewöhnen? So ists mit Religion und auch mit Moral, die nicht ohne Vermittlung auf die Ökonomie und Politik des Lebens einfließen sollen.

[85] Der Kern, das Zentrum der Poesie ist in der Mythologie zu finden, und in den Mysterien der Alten. Sättigt das Gefühl des Lebens mit der Idee des Unendlichen, und ihr werdet die Alten verstehen und die Poesie.

[86] Schön ist was uns an die Natur erinnert, und also das Gefühl der unendlichen Lebensfülle anregt. Die Natur ist organisch, und die höchste Schönheit daher ewig und immer vegetabilisch, und das gleiche gilt auch von der Moral und der Liebe.

[87] Ein wahrer Mensch ist, wer bis in den Mittelpunkt der Menschheit gekommen ist.

[88] Es gibt eine schöne Offenheit, die sich öffnet wie die Blume, nur um zu duften.

[89] Wie sollte die Moral bloß der Philosophie angehören, da der größte Teil der Poesie sich auf die Lebenskunst bezieht und auf die Kenntnis der Menschen! Ist sie also unabhängig von beiden und für sich bestehend? Oder ist es etwa mit ihr wie mit der Religion, daß sie gar nicht isoliert erscheinen soll?

[90] Du wolltest die Philosophie zerstören, und die Poesie, um Raum zu gewinnen für die Religion und Moral, die du verkanntest: aber du hast nichts zerstören können als dich selber.

[91] Alles Leben ist seinem ersten Ursprunge nach nicht natürlich, sondern göttlich und menschlich; denn es muß aus der Liebe entspringen, wie es keinen Verstand geben kann ohne Geist.

[92] Die einzige bedeutende Opposition gegen die überall aufkeimende Religion der Menschen und der Künstler, ist von den wenigen eigentlichen Christen zu erwarten, die es noch gibt. Aber auch sie, wenn die Morgensonne wirklich emporsteigt, werden schon niederfallen und anbeten.

[93] Die Polemik kann nur den Verstand schärfen, und soll die Unvernunft vertilgen. Sie ist durchaus philosophisch; der religiöse Zorn und Ingrimm über die Beschränkung verliert seine Würde, wenn er als Polemik erscheint, in bestimmter Richtung auf einen einzelnen Gegenstand und Zweck.

[94] Die wenigen Revolutionärs, die es in der Revolution gab, waren Mystiker, wie es nur Franzosen des Zeitalters sein können. Sie konstituierten ihr Wesen und Tun als Religion; aber in der künftigen Historie wird es als die höchste. Bestimmung und Würde der Revo-

lution erscheinen, daß sie das heftigste Incitament der schlummernden Religion war.

[95] Als Bibel wird das neue ewige Evangelium erscheinen, von dem Lessing geweissagt hat: aber nicht als einzelnes Buch im gewöhnlichen Sinne. Selbst was wir Bibel nennen ist ja ein System von Büchern. Übrigens ist das kein willkürlicher Sprachgebrauch! Oder gibt es ein andres Wort um die Idee eines unendlichen Buchs von der gemeinen zu unterscheiden als Bibel, Buch schlechthin, absolutes Buch? Und es ist doch wohl ein ewig wesentlicher und sogar praktischer Unterschied, ob ein Buch bloß Mittel zu einem Zweck, oder selbständiges Werk, Individuum, personifizierte Idee ist. Das kann es nicht ohne Göttliches, und darin stimmt der esoterische Begriff selbst mit dem exoterischen überein; auch ist keine Idee isoliert, sondern sie ist was sie ist, nur unter allen Ideen. Ein Beispiel wird den Sinn erklären. Alle klassischen Gedichte der Alten hängen zusammen, unzertrennlich, bilden ein organisches Ganzes, sind richtig angesehen nur Ein Gedicht, das einzige in welchem die Dichtkunst selbst vollkommen erscheint. Auf eine ähnliche Weise sollen in der vollkommnen Literatur alle Bücher nur Ein Buch sein, und in einem solchen ewig werdenden Buche wird das Evangelium der Menschheit und der Bildung offenbart werden.

[96] Alle Philosophie ist Idealismus und es gibt keinen wahren Realismus als den der Poesie. Aber Poesie und Philosophie sind nur Extreme. Sagt man nun, einige sind schlechthin Idealisten, andre entschieden Realisten; so ist das eine sehr wahre Bemerkung. Anders ausgedrückt heißt es, es gibt noch keine durchaus gebildete Menschen, es gibt noch keine Religion.

[97] Günstiges Zeichen, daß ein Physiker sogar – der tiefsinnige Baader – aus der Mitte der Physik sich erhoben hat, die Poesie zu ahnden, die Elemente als organische Individuen zu verehren, und auf das Göttliche im Zentrum der Materie zu deuten!

[98] Denke dir ein Endliches ins Unendliche gebildet, so denkst du einen Menschen.

[99] Willst du ins Innere der Physik dringen, so laß dich einweihen in die Mysterien der Poesie.

[100] Wir werden den Menschen kennen, wenn wir das Zentrum der Erde kennen.

[101] Wo Politik ist oder Ökonomie, da ist keine Moral.

[102] Der erste unter uns, der die intellektuelle Anschauung der Moral gehabt, und das Urbild vollendeter Menschheit in den Gestalten der Kunst und des Altertums erkannte und gottbegeistert verkündigte, war der heilige Winckelmann.

[103] Wer die Natur nicht durch die Liebe kennen lernt, der wird sie nie kennen lernen.

[104] Die ursprüngliche Liebe erscheint nie rein, sondern in mannichfachen Hüllen und Gestalten, als Zutrauen, als Demut, als Andacht, als Heiterkeit, als Treue und als Scham, als Dankbarkeit; am meisten aber als Sehnsucht und als stille Wehmut.

[105] Fichte also soll die Religion angegriffen haben? – Wenn das Interesse am Übersinnlichen das Wesen der Religion ist, so ist seine ganze Lehre Religion in Form der Philosophie.

[106] Nicht in die politische Welt verschleudere du Glauben und Liebe, aber in der göttlichen Welt der Wissenschaft und der Kunst opfre dein Innerstes in den heiligen Feuerstrom ewiger Bildung.

[107] In ungestörter Harmonie dichtet Hülsens Muse schöne erhabene Gedanken der Bildung, der Menschheit und der Liebe. Es ist Moral im hohen Sinne; aber Moral von Religion durchdrungen im Übergange aus dem künstlichen Wechsel des Syllogismus in den freien Strom des Epos.

[108] Was sich tun läßt, so lange Philosophie und Poesie getrennt sind, ist getan und vollendet. Also ist die Zeit nun da, beide zu vereinigen.

[109] Fantasie und Witz sind dir Eins und Alles! – deute den lieblichen Schein und mache Ernst aus dem Spiel, so wirst du das Zentrum fassen und die verehrte Kunst in höherm Lichte wieder finden.

[110] Der Unterschied der Religion und Moral liegt ganz einfach in der alten Einteilung aller Dinge in göttliche und menschliche, wenn man sie nur recht versteht.

[111] Dein Ziel ist die Kunst und die Wissenschaft, dein Leben Liebe und Bildung. Du bist ohne es zu wissen auf dem Wege zur Religion. Erkenne es, und du bist sicher das Ziel zu erreichen.

[112] In und aus unserm Zeitalter läßt sich nichts Größeres zum Ruhme des Christentums sagen, als daß der Verfasser der Reden über die Religion ein Christ sei.

[113] Der Künstler, der nicht sein ganzes Selbst preisgibt, ist ein unnützer Knecht.

[114] Kein Künstler soll allein und einzig Künstler der Künstler, Zentral-Künstler, Direktor aller übrigen sein; sondern alle sollen es gleich sehr sein, jeder aus seinem Standpunkt. Keiner soll bloß Repräsentant seiner Gattung sein, sondern er soll sich und seine Gattung auf das Ganze beziehen, dieses dadurch bestimmen und also beherrschen. Wie die Senatoren der Römer sind die wahren Künstler ein Volk von Königen.

[115] Willst du ins Große wirken, so entzünde und bilde die Jünglinge und die Frauen. Hier ist noch am ersten frische Kraft und Gesundheit zu finden, und auf diesem Wege wurden die wichtigsten Reformationen vollbracht.

[116] Wie beim Manne der äußre Adel zum Genie, so verhält sich die Schönheit der Frauen zur Liebesfähigkeit, zum Gemüt.

[117] Die Philosophie ist eine Ellipse. Das eine Zentrum, dem wir jetzt näher sind, ist das Selbstgesetz der Vernunft. Das andre ist die Idee des Universums, und in diesem berührt sich die Philosophie mit der Religion.

[118] Die Blinden, die von Atheismus reden! Gibt es denn schon einen Theisten? Ist schon irgend ein Menschengeist der Idee der Gottheit Meister?

[119] Heil den wahren Philologen! Sie wirken Göttliches, denn sie verbreiten Kunstsinn über das ganze Gebiet der Gelehrsamkeit. Kein Gelehrter sollte bloß Handwerker sein.

[120] Der Geist unsrer alten Helden deutscher Kunst und Wissenschaft muß der unsrige bleiben so lange wir Deutsche bleiben. Der deutsche Künstler hat keinen Charakter oder den eines Albrecht Dürer, Kepler, Hans Sachs, eines Luther und Jakob Böhme. Rechtlich, treuherzig, gründlich, genau und tiefsinnig ist dieser Charakter, dabei unschuldig und etwas ungeschickt. Nur bei den Deutschen ist es eine Nationaleigenheit, die Kunst und die Wissenschaft bloß um der Kunst und der Wissenschaft willen göttlich zu verehren.

[121] Vernehmt mich nur jetzt und merket warum ihr euch nicht verstehen könnt untereinander, so habe ich meinen Zweck erreicht. Ist der Sinn für Harmonie geweckt, dann ist es Zeit das Eine, was ewig wiedergesagt werden muß, harmonischer zu sagen.

[122] Wo die Künstler eine Familie bilden, da sind Urversammlungen der Menschheit.

[123] Die falsche Universalität ist die welche alle einzelne Bildungsarten abschleift und auf dem mittlern Durchschnitt beruht. Durch eine wahre Universalität würde im Gegenteil die Kunst zum Beispiel noch künstlicher werden, als sie es vereinzelt sein kann, die Poesie poetischer, die Kritik kritischer, die Historie historischer und so überhaupt. Diese Universalität kann entstehn, wenn der einfache Strahl der Religion und Moral ein Chaos des kombinatorischen Witzes berührt und befruchtet. Da blüht von selbst die höchste Poesie und Philosophie.

[124] Warum äußert sich das Höchste jetzt so oft als falsche Tendenz? – Weil niemand sich selbst verstehen kann, der seine Genossen nicht versteht. Ihr müßt also erst glauben, daß ihr nicht allein seid, ihr müßt überall unendlich viel ahnden und nicht müde werden den Sinn zu bilden, bis ihr zuletzt das Ursprüngliche und Wesentliche gefunden habt. Dann wird euch der Genius der Zeit erscheinen und wird euch leise andeuten was schicklich sei und was nicht.

[125] Wer ein Höchstes tief in sich ahndet und nicht weiß wie er sichs deuten soll, der lese die Reden über die Religion, und was er fühlte wird ihm klar werden bis zum Wort und zur Rede.

[126] Nur um eine liebende Frau her kann sich eine Familie bilden.

[127] Die Poesie der Dichter bedürfen die Frauen weniger, weil ihr eigenstes Wesen Poesie ist.

[128] Mysterien sind weiblich; sie verhüllen sich gern, aber sie wollen doch gesehen und erraten sein.

[129] In der Religion ist immer Morgen und Licht der Morgenröte.

[130] Nur wer einig ist mit der Welt kann einig sein mit sich selbst.

[131] Der geheime Sinn des Opfers ist die Vernichtung des Endlichen, weil es endlich ist. Um zu zeigen daß es nur darum geschieht muß das Edelste und Schönste gewählt werden; vor allen der Mensch, die Blüte der Erde. Menschenopfer sind die natürlichsten Opfer. Aber der Mensch ist mehr als die Blüte der Erde; er ist vernünftig, und die Vernunft ist frei und selbst nichts anders als ein ewiges Selbstbestimmen ins Unendliche. Also kann der Mensch nur sich selbst opfern, und so tut er auch in dem allgegenwärtigen Heiligtum von dem der Pöbel nichts sieht. Alle Künstler sind Dezier, und ein Künstler werden heißt nichts anders als sich den unterirdischen Gottheiten weihen. In der Begeisterung des Vernichtens offenbart sich zuerst der Sinn göttlicher Schöpfung. Nur in der Mitte des Todes entzündet sich der Blitz des ewigen Lebens.

[132] Trennt die Religion ganz von der Moral, so habt ihr die eigentliche Energie des Bösen im Menschen, das furchtbare, grausame, wütende und unmenschliche Prinzip, was ursprünglich in seinem Geiste liegt. Hier straft sich die Trennung des Unteilbaren am schrecklichsten.

[133] Zunächst rede ich nur mit denen die schon nach dem Orient sehen.

[134] Du vermutest Höheres auch in mir, und fragst, warum ich eben an der Grenze schweige? – Es geschieht, weil es noch so früh am Tage ist.

[135] Nicht Hermann und Wodan sind die Nationalgötter der Deutschen, sondern die Kunst und die Wissenschaft. Gedenke noch einmal an Kepler, Dürer, Luther, Böhme; und dann an Lessing,

Winckelmann, Goethe, Fichte. Nicht auf die Sitten allein ist die Tugend anwendbar; sie gilt auch für Kunst und Wissenschaft, die ihre Rechte und Pflichten haben. Und dieser Geist, diese Kraft der Tugend unterscheidet eben den Deutschen in der Behandlung der Kunst und der Wissenschaft.

[136] Worauf bin ich stolz und darf ich stolz sein als Künstler? – Auf den Entschluß, der mich auf ewig von allem Gemeinen absonderte und isolierte; auf das Werk, was alle Absicht göttlich überschreitet, und dessen Absicht keiner zu Ende lernen wird; auf die Fähigkeit, das Vollendete was mir entgegen ist, anzubeten; auf das Bewußtsein, daß ich die Genossen in ihrer eigensten Wirksamkeit zu beleben vermag, daß alles was sie bilden Gewinn ist für mich.

[137] Die Andacht der Philosophen ist Theorie, reine Anschauung des Göttlichen, besonnen, ruhig und heiter in stiller Einsamkeit. Spinosa ist das Ideal dafür. Der religiöse Zustand des Poeten ist leidenschaftlicher und mitteilender. Das Ursprüngliche ist Enthusiasmus, am Ende bleibt Mythologie. Was in der Mitte liegt, hat den Charakter des Lebens bis zur Geschlechtsverschiedenheit. Mysterien sind, wie schon gesagt, weiblich; Orgien wollen in fröhlicher Ausgelassenheit der männlichen Kraft alles um sich her überwinden oder befruchten.

[138] Eben weil das Christentum eine Religion des Todes ist, ließe es sich mit dem äußersten Realismus behandeln, und könnte seine Orgien haben so gut wie die alte Religion der Natur und des Lebens.

[139] Es gibt keine Selbstkenntnis als die historische. Niemand weiß was er ist, wer nicht weiß was seine Genossen sind, vor allen der höchste Genosse des Bundes, der Meister der Meister, der Genius des Zeitalters.

[140] Eine der wichtigsten Angelegenheiten des Bundes ist, alle Ungehörigen, die sich unter die Genossen eingeschlichen haben, wieder zu entfernen. Die Stümperei soll nichts mehr gelten.

[141] O wie armselig sind eure – ich meine die Besten unter euch – eure Begriffe vom Genie. Wo ihr Genie findet, finde ich nicht selten die Fülle der falschen Tendenzen, das Zentrum der Stümperei. Etwas Talent und ziemlich viel Windbeutelei, das preisen alle und rühmen sich gar wohl zu wissen, das Genie sei inkorrekt, müsse so

sein. So ist also auch diese Idee verloren gegangen? – Ist nicht der sinnige Mensch am geschicktesten Geisterwort zu vernehmen? Nur der Geistliche hat einen Geist, einen Genius, und jeder Genius ist universell. Wer nur Repräsentant ist, hat nur Talent.

[142] Wie die Kaufleute im Mittelalter so sollten die Künstler jetzt zusammentreten zu einer Hanse, um sich einigermaßen gegenseitig zu schützen.

[143] Es gibt keine große Welt als die Welt der Künstler. Sie leben hohes Leben. Der gute Ton steht noch zu erwarten. Er würde da sein, wo jeder sich frei und fröhlich äußerte, und den Wert der andern ganz fühlte und begriffe.

[144] Ursprünglichen Sinn fordert ihr vom Denker einmal für allemal, und ein gewisses Maß von Begeisterung verstattet ihr sogar dem Dichter. Aber wißt ihr auch, was das heiße? Ihr habt, ohne es gewahr zu werden, heiligen Boden betreten; ihr seid unser.

[145] Alle Menschen sind etwas lächerlich und grotesk, bloß weil sie Menschen sind; und die Künstler sind wohl auch in dieser Rücksicht doppelte Menschen. So ist es, so war es, und so wird es sein.

[146] Selbst in den äußerlichen Gebräuchen sollte sich die Lebensart der Künstler von der Lebensart der übrigen Menschen durchaus unterscheiden. Sie sind Brahminen, eine höhere Kaste, aber nicht durch Geburt sondern durch freie Selbsteinweihung geadelt.

[147] Was der freie Mensch schlechthin konstituiert, worauf der nicht freie Mensch alles bezieht, das ist seine Religion. Es ist ein tiefer Sinn in dem Ausdruck, dies oder jenes ist sein Gott, oder Abgott und in andern ähnlichen.

[148] Wer entsiegelt das Zauberbuch der Kunst und befreit den verschloßnen heiligen Geist? – Nur der verwandte Geist.

[149] Ohne Poesie wird die Religion dunkel, falsch und bösartig; ohne Philosophie ausschweifend in aller Unzucht und wollüstig bis zur Selbstentmannung.

[150] Das Universum kann man weder erklären noch begreifen, nur anschauen und offenbaren. Höret nur auf das System der Empirie Universum zu nennen, und lernt die wahre religiöse Idee desselben, wenn ihr den Spinosa nicht schon verstanden habt, vor der Hand in den Reden über die Religion lesen.

[151] In alle Gestalten von Gefühl kann die Religion ausbrechen. Der wilde Zorn und der süßeste Schmerz grenzen hier unmittelbar aneinander, der fressende Haß und das kindliche Lächeln froher Demut.

[152] Willst du die Menschheit vollständig erblicken, so suche eine Familie. In der Familie werden die Gemüter organisch Eins, und eben darum ist sie ganz Poesie.

[153] Alle Selbständigkeit ist ursprünglich, ist Originalität, und alle Originalität ist moralisch, ist Originalität des ganzen Menschen. Ohne sie keine Energie der Vernunft und keine Schönheit des Gemüts.

[154] Zuerst vom Höchsten redet man durchaus freimütig, völlig sorglos, aber gerade zum Ziel.

[155] Ich habe einige Ideen ausgesprochen, die aufs Zentrum deuten, ich habe die Morgenröte begrüßt nach meiner Ansicht, aus meinem Standpunkt. Wer den Weg kennt, tue desgleichen nach seiner Ansicht, aus seinem Standpunkt.

[156]

An Novalis.

Nicht auf der Grenze schwebst du, sondern in deinem Geiste haben sich Poesie und Philosophie innig durchdrungen. Dein Geist stand mir am nächsten bei diesen Bildern der unbegriffenen Wahrheit. Was du gedacht hast, denke ich, was ich gedacht, wirst du denken, oder hast es schon gedacht. Es gibt Mißverständnisse, die das höchste Einverständnis nur bestätigen. Allen Künstlern gehört jede Lehre vom ewigen Orient. Dich nenne ich statt aller andern.

Biographie

1772 *10. März:* Karl Wilhelm Friedrich Schlegel wird als jüngstes von sieben Kindern des Generalsuperintendenten Johann Adolf Schlegel und seiner Frau Johanna Christiane Erdmute, geb. Hübsch, in Hannover geboren.

1788 Beginn einer Kaufmannslehre im Bankhaus Schlemm in Leipzig.
Unter Anleitung des älteren Bruders August Wilhelm (geb. 1767) bereitet sich Schlegel, der kein Gymnasium besucht hat, auf das Studium vor.

1790 Immatrikulation zum Studium der Rechtswissenschaft in Göttingen, wo August Wilhelm klassische Philologie studiert.

1791 Schlegel setzt sein Studium in Leipzig fort (bis 1793). Neben juristischen Vorlesungen interessiert er sich mehr und mehr für Philosophie, Kunsttheorie und Geschichte.

1792 Beginn der Freundschaft mit Novalis.
Bekanntschaft mit Schiller.

1793 Bekanntschaft mit Caroline Böhmer, der späteren Frau August Wilhelms.

1794 *Januar:* Aus finanziellen Gründen muß Schlegel sein Studium abbrechen.
Übersiedlung nach Dresden und privates Studium der antiken Klassiker.
Häufiger Kontakt zu Christian Gottfried Körner, dem Vater des späteren Schriftstellers Karl Theodor Körner (geb. 1791).
In der »Berlinischen Monatsschrift« erscheint als erste wichtigere Publikation Schlegels seine Abhandlung »Von den Schulen der griechischen Poesie«.

1795 Schlegel lernt den Musiker und Schriftsteller Johann Friedrich Reichardt kennen.

1796 Beginn der Mitarbeit an Reichardts Zeitschrift »Deutschland«, in der u.a. Schlegels politischer Aufsatz »Versuch über den Begriff des Republikanismus« erscheint.
Schlegel zieht nach Jena, wo August Wilhelm inzwischen wohnt.
Enger Umgang mit Novalis.
Bekanntschaft mit Goethe, Herder, Wieland und Fichte.

1797 Wegen eines 1796 erschienenen kritischen Artikels von Schlegel über Schillers »Musenalmanach auf das Jahr 1796« und einer verletzenden Replik Schillers überwirft er sich

mit Schiller.
Juli: Umzug nach Berlin.
Schlegel verkehrt in den Salons von Rahel Levin, Henriette Herz und Dorothea Veit.
Umgang mit Ludwig Tieck und Friedrich Schleiermacher.
Beginn der Mitarbeit an Reichardts Zeitschrift »Lyceum der schönen Künste«, in der u.a. Schlegels Würdigungen »Georg Forster« und »Über Lessing« sowie die »Kritischen Fragmente« (die sogenannten Lyceums-Fragmente) erscheinen.
Der Band »Die Griechen und Römer, historische und kritische Versuche über das klassische Altertum« erscheint. Er enthält u.a. die kunsttheoretische Schrift »Über das Studium der grichischen Poesie«, die Schlegels Programm einer romantischen Ästhetik vorstellt, sowie den kulturgeschichtlichen Aufsatz »Über die Diotima«, in dem er die Bedeutung des Weiblichen in der griechischen Poesie hervorhebt.

1798 Zusammen mit August Wilhelm gibt Schlegel in Berlin die Zeitschrift »Athenäum« heraus, die zum wichtigsten Publikationsorgan der frühen Romantik wird (bis 1800).
Sommeraufenthalt in Dresden mit August Wilhelm, dessen Frau Caroline und Novalis.
»Geschichte der Poesie der Griechen und Römer«.

1799 Schlegels Roman »Lucinde« kommt heraus. Mit ihm versucht Schlegel die Umsetzung seiner Romantheorie, die eine offene Form fordert. »Lucinde« durchbricht alle Konventionen der Romanform, vor allem indem auf eine geschlossene Handlung verzichtet wird.
Herbst: Schlegel zieht von Berlin nach Jena um.
Dorothea Veit folgt ihm.
Tieck siedelt ebenfalls über.
Im »Athenäum« erscheint Schlegels »Gespräch über die Poesie«, ein wichtiger Beitrag zur romantischen Kunsttheorie.

1800 *Sommer:* Habilitation an der Universität Jena.
Wintersemester: Schlegel hält eine Vorlesung an der Universität Jena über Transzendentalphilosophie.

1801 Zusammen mit Dorothea siedelt Schlegel nach Berlin über.
März: Schlegel fährt nach Weißenfels zu seinem todkranken Freund Novalis und bleibt dort bis zu dessen Tod am 25. März.
Die Aufsatzsammlung »Charakteristiken und Kritiken« mit Schriften August Wilhelm und Friedrich Schlegels kommt

heraus.

1802 »Alarcos« (Trauerspiel).
Januar: Umzug nach Dresden.
Mai – Juli: Reise mit Dorothea über Leipzig, Weimar und Frankfurt nach Paris, wo sie sich eine Wohnung nehmen.

1803 Schlegel gründet in Paris die Zeitschrift »Europa« (bis 1805).
Beginn des Sanskritstudiums.
An der Pariser Universität hält Schlegel Vorlesungen in Philosophie und Literaturgeschichte.

1804 Heirat mit Dorothea Veit.
Zusammen mit Dorothea begleitet Schlegel die Brüder Boisserée auf einer Reise nach Belgien und Köln.
In Köln hält Schlegel literaturwissenschaftliche und philosophische Vorlesungen (bis 1808).
Besuch bei Madame de Staël und dem Bruder August Wilhelm, der ihr literarischer Berater ist, in Coppet am Genfer See.

1806 Besuch bei Madame de Staël auf ihrem Schloß Acosta in der Normandie.

1808 *April:* Schlegel konvertiert gemeinsam mit Dorothea zum Katholizismus.
»Ueber die Sprache und Weisheit der Indier«.
Juni: Umzug nach Wien.

1809 Schlegel wird Sekretär bei der Hof- und Staatskanzlei in Wien.
»An Napoleon«.
Schlegel gibt die »Österreichische Zeitung« heraus.
»Gedichte«.

1810 Schlegel hält in Wien eine Vorlesung »Ueber die neuere Geschichte« (gedruckt 1811).

1812 Schlegel hält Vorlesungen über die »Geschichte der alten und neuen Literatur«, in denen er vor allem die antike und mittelalterliche Literatur sowie Einflüsse der persischen, indischen und hebräischen Kultur untersucht (veröffentlicht 1815 in 2 Bänden).
Schlegel gründet die kulturkonservative Zeitschrift »Deutsches Museum« (1812–13).

1814 Teilnahme Schlegels am Wiener Kongress.

1815 Schlegel wird von Metternich, für den er Denkschriften verfaßt hatte, zum k. k. Legationsrat ernannt.
Beginn der Mitarbeit als Legationsrat an der österreichischen Gesandtschaft am Frankfurter Bundestag.

Schlegel wird in den Adelsstand erhoben.
Der Papst verleiht Schlegel den Christusorden.

1818 Rheinreise zusammen mit August Wilhelm.
Aufenthalt in München, wo er die Philosophen Friedrich Wilhelm Joseph von Schelling und Friedrich Heinrich Jacobi trifft.

1819 Als Kunstsachverständiger begleitet Schlegel Metternich und Kaiser Franz nach Rom.
Rückkehr nach Wien.

1820 Schlegel gibt die Zeitschrift »Concordia« (bis 1823) heraus, die von seinem Bruder August Wilhelm wegen ihrer radikal konservativen Tendenz abgelehnt wird. Von Schlegel erscheinen in seiner Zeitschrift u.a. die Aufsätze »Von der Seele« und »Signatur des Zeitalters«.
In den »Wiener Jahrbüchern« wird seine Schrift »Über die deutsche Kunstausstellung in Rom« gedruckt.
Aufenthalt auf Schloß Feistritz in der Steiermark.

1821 Beginn des Briefwechsels mit der stigmatisierten Christine von Stransky.

1822 »Sämmtliche Werke« (10 Bände, 1822–25).
Reise nach Schloß Feistritz.

1824 Aufenthalt in Dresden.

1825 Reisen nach München und Schloß Feistritz.

1827 Schlegel reist nach Augsburg und München.
Vorlesung über die »Philosophie des Lebens« (gedruckt 1828).

1828 Schlegel hält eine Vorlesung über die »Philosophie der Geschichte« (gedruckt 1829 in 2 Bänden).
Dezember: Aufenthalt Schlegels in Dresden (bis Anfang 1829), wo er »Philosophische Vorlesungen, insbesondere über Philosophie der Sprache und des Wortes« hält (gedruckt 1830).

1829 *12. Januar:* Schlegel stirbt in Dresden.

Geschichten aus dem Sturm und Drang

Zwischen 1765 und 1785 geht ein Ruck durch die deutsche Literatur. Sehr junge Autoren lehnen sich auf gegen den belehrenden Charakter der - die damalige Geisteskultur beherrschenden - Aufklärung. Mit Fantasie und Gemütskraft stürmen und drängen sie gegen die Moralvorstellungen des Feudalsystems, setzen Gefühl vor Verstand und fordern die Selbstständigkeit des Originalgenies.

Lenz Zerbin oder Die neuere Philosophie **Wezel** Silvans Bibliothek oder die gelehrten Abenteuer **Moritz** Andreas Hartknopf. Eine Allegorie **Schiller** Der Geisterseher **Goethe** Die Leiden des jungen Werther **Klinger** Fausts Leben, Taten und Höllenfahrt
ISBN 978-1489596925, 468 Seiten, 19,80 €

Geschichten aus dem Sturm und Drang II

Wezel Kakerlak oder die Geschichte eines Rosenkreuzers **Bürger** Münchhausen **Schiller** Der Verbrecher aus verlorener Ehre **Moritz** Andreas Hartknopfs Predigerjahre **Lenz** Der Waldbruder **Klinger** Geschichte eines Teutschen der neusten Zeit
ISBN 978-1489597106, 424 Seiten, 19,80 €

Dekadente Geschichten

Im kulturellen Verfall des Fin de siècle wendet sich die Dekadenz ab von der Natur und dem realen Leben, hin zu raffinierten ästhetischen Empfindungen zwischen ausschweifender Lebenslust und fatalem Überdruss. Gegen Moral und Bürgertum frönt sie mit überfeinen Sinnen einem subtilen Schönheitskult, der die Kunst nichts anderem als ihr selbst verpflichtet sieht.

Rilke Die Aufzeichnungen des Malte Laurids Brigge **Huysmans** Gegen den Strich **Bahr** Die gute Schule **Hofmannsthal** Das Märchen der 672. Nacht **Rilke** Die Weise von Liebe und Tod des Cornets Christoph Rilke
ISBN 978-1489596833, 392 Seiten, 16,80 €

25519358R00074

Printed in Poland
by Amazon Fulfillment
Poland Sp. z o.o., Wrocław